人力资源管理丛书

中蒙经贸合作适切性人才

培养路径研究

RESEARCH ON THE SUITABLE TALENT TRAINING PATH FOR CHINA-MONGOLIA ECONOMIC AND TRADE COOPERATION

基金资助：中蒙经贸适切性人才培养机制研究，内蒙古哲学社会科学规划办重点课题（2017NDA055），汉、蒙、英、俄、日语经济管理大词典的编辑整理及数据库建设，国家社会科学基金后期资助重点项目（21FMZA002）

陶克涛◎著

经济管理出版社
ECONOMY & MANAGEMENT PUBLISHING HOUSE

图书在版编目（CIP）数据

中蒙经贸合作适切性人才培养路径研究/陶克涛著 . —北京：经济管理出版社，2022. 7
ISBN 978-7-5096-8640-9

Ⅰ.①中…　Ⅱ.①陶…　Ⅲ.①对外经贸合作—人才培养—研究—中国、蒙古
Ⅳ.①F125.531.1

中国版本图书馆 CIP 数据核字（2022）第 133382 号

组稿编辑：王光艳
责任编辑：魏晨红
责任印制：黄章平
责任校对：曹　魏

出版发行：经济管理出版社
　　　　　（北京市海淀区北蜂窝 8 号中雅大厦 A 座 11 层　100038）
网　　址：www. E-mp. com. cn
电　　话：（010）51915602
印　　刷：北京市海淀区唐家岭福利印刷厂
经　　销：新华书店
开　　本：720mm×1000mm/16
印　　张：12
字　　数：209 千字
版　　次：2022 年 7 月第 1 版　　2022 年 7 月第 1 次印刷
书　　号：ISBN 978-7-5096-8640-9
定　　价：68. 00 元

序

为对中蒙两国经贸合作过程中人才培养问题进行深入研究，本书在国家社会科学基金教育学一般项目（BMA170032）最终成果——《中蒙经济走廊蒙汉兼通财经人才培养体系与模式研究》的基础上，在内蒙古社会科学基金重点项目（2017NDA055）——《中蒙经贸适切性人才培养机制研究》和内蒙古财经大学学科建设经费资助下，课题组花费两年的时间开展后续研究，完善、补充和升华了此领域的研究成果，适切地为中蒙经贸合作持续健康发展而服务。本书借助中蒙两国高校和研究机构已有的人才、学科、平台和文化等方面的优势与力量，对相关领域进行了拓展和深化研究。

课题组成员分别从中蒙经贸合作适切性人才供求影响因素，中蒙经贸合作人才供求动态均衡，中蒙经贸合作适切性人才培养体系、维度与质量，中蒙经贸合作适切性人才培养路径创新，中蒙经贸合作适切性人才培养的政策建议层面探讨了中蒙经贸合作适切性人才培养相关问题。相较于之前的研究，本书聚焦研究领域，将研究前提定位于中蒙经贸合作，站在适切性的角度对人才培养的问题开展系列探讨，具有更加深刻的研究意义。在研究过程中，课题组在成熟的理论基础上收集了大量数据进行实证研究，对现有人才培养工作诸多前沿理论和现实问题进行分析，提出了人才培养与当前中蒙经贸合作之间的匹配性、融合性、协调性等问题，并从国家、企业、高校三个层面提出了相关建议，构思了后续的培养路径，展望了未来的研究工作重点和人力资源的发展方向。

本书立意明确、内容新颖，立足于中蒙两国高校和研究机构的优势学科开展工作，保证了研究过程的专业性、撰写工作的效率性。课题组深感这一领域中还有许多空白需要填补，将继续与更多的专家学者合作研究，扩展研究领域，进行更深层次的探索。在一系列研究工作完成后，将相关领域通过理论研究进行联结，形成了一个完整的研究体系。如此不仅能够填补学术空白，而且可以为中蒙两国的社会经济发展、人才培养路径积累研究素材，为中蒙经贸合作的繁荣发展注入动力，为中蒙经贸的深度合作提供专业、严谨的理论指导和实践指向。

前　言

　　2016 年 6 月，中国、俄罗斯、蒙古国三国向世界发出了共同的声音——《建设中蒙俄经济走廊规划纲要》，其所构建的"经济走廊"效应并不局限于三国，而将辐射和联通东北亚、欧洲地区，是亚欧大陆的北部大通道。"一带一路"倡议的提出，代表着我国正式致力于更大范围的对外经济贸易合作，中蒙俄经济走廊被纳入"一带一路"建设的总体框架，成为"一带一路"六大经济走廊之一，是"一带一路"建设合作的重要方向之一，对三国经济社会的发展、睦邻友好合作关系的深化和区域经济一体化的推进、北亚经济板块的崛起都具有重大而深远的意义。中国与蒙古国的贸易关系十分密切，已连续多年成为蒙古国最大的贸易伙伴国和重要投资国，特别是 2014 年在中国、蒙古国两国会晤中，中方倡导将矿产资源开发、基础设施建设和金融合作三个方面放在一起统筹考量，实现"三位一体，统筹推进"，标志着我国与蒙古国建立了全面战略伙伴关系，2021 年双方贸易总额达到了 91.2 亿美元。自"一带一路"倡议提出以来，中蒙双方在经济、文化等不同领域开展了大量合作，对外合作必然需要适切性人才，即以语言为桥梁在专业技术、政策沟通、法律服务等方面为中蒙经贸合作提供服务的综合性人才，这就给人才供给方带来了前所未有的机遇和挑战。为有效培养中蒙经贸合作适切性人才，需要围绕人才培养目标、人才培养规模、人才培养结构、人才培养规格、人才培养实践等环节，积极探索中蒙贸易合作适切性人才培养模式，助推全面建设中蒙经济走廊。本书基于国际贸易理论、相互依赖理论、区域经济合作理论、高等教育价值理论、利益相关者理论、多元文化教育理论和教育供求理论，以开展"中蒙贸易合作"对适切性人才需求研究为切入点，探求中蒙经贸合作适切性人才供求动态均衡，基于理念体系、目标体系、模式体系、行为体系与层级维度、空间维度、时间维度、语境维度和专业维度对中蒙经贸合作适切性人才培养体系与培养模式优化进行深入研究，并提出中蒙经贸合作适切性人才培养的创新路径，以期提升中蒙经贸合作人才供求的切合性，促进中蒙经济走廊建设，助推"一带一路"进程。

　　本书的研究内容包括：一是全面梳理分析与本书研究相关的文献资料，发掘本书研究空间，细化本书研究内容与重点；二是通过对利益相关者全面调研，重点了解和把握中蒙经贸合作这一战略环境对适切性人才投入与智库支持的要求，既包括专业知识、工作能力、人格特征、职业品德等微观需求，也包括区域发展对适切性人才总量及结构的宏观需求；三是通过文案调研及典型调查方法，对中蒙经贸合作适切性人才培养状况进行总体把握；四是利用统计模型，定量刻画中蒙经济走廊人才供求适切性与学生学习质量概念模型，并对适切性人才供求对接运行机制和中蒙经贸合作适切性人才培养体系与培养模式进行深入分析，发掘影响因素与内在原因；五是结合前期研究成果，从国家、企业和高校视角提出政策建议，提出中蒙经贸合作适切性人才培养的创新路径。

目　录

第❶章
绪 论

1.1 研究背景和意义

1.1.1 研究背景

中国与蒙古国山水相连、文化互通，自 1949 年两国建交以来，两国一直保持着友好、稳定的经贸合作交流，从 21 世纪开始中国一直居于蒙古国经济贸易第一大合作国的位置。2013 年，"一带一路"倡议的提出，代表着我国正式致力于更大范围的对外经济贸易合作；2014 年，在中蒙两国会晤中，中方倡导从矿产资源、基础设施建设和金融合作三个方面展开合作，实现"三位一体，统筹推进"，标志着中蒙两国建立了全面战略伙伴关系，同年中蒙双方经贸总额达到峰值，中国的进口额也达到了最高水平。

2014 年 9 月，在"一带一路"倡议下，中国、俄罗斯、蒙古国三国元首首次会晤，习近平首次提出了中蒙俄经济走廊合作发展战略，在会晤中，中国提出的"丝绸之路经济带"发展倡议同俄罗斯的"跨欧亚发展带"、蒙古国的"草原之路"发展战略高度契合，对建设中蒙俄经济走廊产生了强烈共鸣，旨在加强三方经贸合作，实现共同发展。2015 年 7 月，中国、俄罗斯、蒙古国三国元首在俄罗斯乌法举行了第二次会晤，在会议上，三国通过了《中华人民共和国、俄罗斯联邦、蒙古国发展三方合作中期路线图》，并且初步制定了《建设中蒙俄经济走廊规划纲要》的初步框架和主要内容。2016 年 6 月 23 日，中国、俄罗斯、蒙古国三国元首在乌兹别克斯坦塔什干进行了第三次会晤，正式签署了《建设中蒙俄经济走廊规划纲要》，明确了三方合作宗旨。2018 年 6 月，三国元首在青岛进行了第四次会晤，总结了三方初步合作的成效，根据三方 2015 年乌法签署的《关于编制建设中蒙俄经济走廊规划纲要的谅解备忘录》，签署了等一系列战略合作文件并制定了接下来的合作重点和方向。

2008~2020 年，中蒙经贸合作规模逐渐增大，中国已成为蒙古国最大的贸易伙伴和重要投资国。2008 年金融危机以来，中蒙双方经贸合作在政府的努力下迅速恢复并呈现良好的发展态势。2010 年中蒙经贸合作总额达到了 40.01 亿美元，2014 年中蒙俄经济走廊战略的提出进一步加速了中蒙双方的经贸合作，由于 2015 年中国对蒙古国进口需求的下降导致双方贸易总额下降，2017 年中蒙经贸合作规模进一步加大，总额达到了 64.03 亿美元，2019 年双方贸易总额更是达到了 81.61 亿美元，2020 年由于受新冠肺炎疫情的影响中蒙贸易总额为 66.30 亿美元，同比下降了 18.8%。[①]

"一带一路"倡议提出后，中蒙双方从经济、文化、政治等不同领域加强了合作。要想加强中蒙双方的经济贸易合作，就要保证两国的"政策沟通、设施联通、贸易畅通、资金融通、民心相通"，这样便离不开符合中蒙经贸合作要求的高水平人才，即适切性人才。适切性指适合的、贴切的，而在中蒙经贸合作中最需要的就是人才的语言互通能力，即要想有效推进中蒙经贸合作进程，最需要解决的就是语言问题。要想顺利进行中蒙经济贸易合作，就迫切需要能提供中蒙语言服务的适切性人才，这些人才不仅是中蒙双语人才，更是能以语言为桥梁为中蒙经贸合作在专业技术、政策沟通、法律服务等方面提供服务的综合性人才。因此，中蒙经贸合作对高层次的适切性人才有更迫切的需求，尤其是在"一带一路"建设过程中需要大量的中蒙经贸合作适切性人才，这对于蒙古国来说是培养适切性人才的好机会，对于中国来说也是一个培养经贸合作适切性人才的良好机遇。目前，学术界关于中蒙经贸合作背景下适切性人才的供求机制、培养机制、创新机制与创新模式等的研究取得了一定的成绩，但仍有相当大的拓展空间。

1.1.2 研究意义

本书基于"一带一路"建设构想，在中蒙经贸合作建设框架下，探索契合

---

① 相关数据见中华人民共和国商务部官网。

中蒙经济走廊建设需求的中蒙经贸合作适切性人才培养路径，这涵盖语言、技术、文化、国际视野、品德等要素在内的综合素质的培养，同时充分利用我国与蒙古国在地理位置、语言文化、教育及贸易发展上的优势来探讨适切性人才培养路径，形成富有地方特色、民族特色、区域特色的高层次人才培养理论体系，使高层次人才培养理论地方化、特色化。

中蒙经贸合作适切性人才培养机制与培养模式的创新是促进边疆民族地区经济、社会和文化持续性协调发展的重要因素，而且在促进民族团结、边疆稳定及推进中蒙经济走廊建设方面均起着积极的推动作用，为相关高校适切性人才培养的改革探索和人才培养机制的构建提供借鉴。综上所述，本书具有以下理论价值和实践意义。

1.1.2.1 中蒙经贸合作多方互补具有重要战略意义

蒙古国位于中国和俄罗斯两国之间，是"一带一路"的重要支点，也是连接中蒙俄经济走廊的重要节点。蒙古国与我国三面接壤，在语言交流、文化互通、宗教信仰等方面具有长足的优势。

在中蒙两国的经济发展水平方面，双方均为发展中国家，但是发展水平还存在一定差距。我国自改革开放以来经济发展突飞猛进，国家统计局数据显示，2021 年我国国内生产总值达到 17.7 万亿美元，人均国内生产总值达到 12600 美元，目前已经成为世界第二大经济体。因受到 2008 年金融危机的冲击，蒙古国的经济增长持续走低，2010 年蒙古国的经济逐渐复苏，2011 年蒙古国国内生产总值首次突破 100 亿美元大关，直至 2018 年蒙古国实现人均收入 3580 美元，2021 年蒙古国人均国内生产总值达到了 4172 美元。可见中蒙两国经济发展水平存在一定差距，这样的差距使得双方经贸合作形成了一定的互补效应。

中国是世界制造业第一大国，无论是生产规模还是产品质量在世界上都具有很强的竞争力，并且在诸多领域具有较高的技术支持，不仅可以满足国内的需求，还可以占据国际市场。蒙古国是一个畜牧业大国，农业种植产量偏低，长期以来需要进口大量的粮食和蔬菜。在第二产业方面，蒙古国以低端的采矿业为主，其在制造业方面十分薄弱，以生产简单的初级产品为主，高新技术制造业发展较为滞后。餐饮、零售、金融保险等服务行业也没有得到充分的发展，所以中国产业结构可以有效地满足蒙古国的进口需求，同时蒙古国丰富的矿产资源和占比较大的采矿业满足了中国的进口需求，在产业结构方面具有极强的互补效应。

在人口方面，蒙古国地广人稀，人口密度较低，而中国 2021 年劳动人口为 8.8 亿，劳动人口资源丰富，尤其是近年来教育水平的提升使中国高素质劳动人口资源逐渐增多。由于双方三面接壤的天然优势，中国的劳动力资源常年输入蒙古国，蒙古国的大量畜牧业劳动力也输入中国内蒙古、东北三省，形成了人力资源方面的互补效应。

中蒙两国经济贸易的互补性是两国长期稳定发展的基础，弱化了两国之间的竞争性，对中蒙经济走廊建设和中蒙经贸合作发展具有重要的战略意义。

1.1.2.2　中蒙经贸合作适切性人才重要性凸显

中蒙经济走廊建设、中蒙经贸合作的顺利进行及同蒙古国深入的语言、文化、经济和政治交流都需要与之相适切的综合性人才的助推。在人才培养理念上，既需要拥有高水平的专业技术人才，又需要具备与中蒙两国发展理念相统一的高素质适切性人才。这样的人才既要具备主动获取重要信息和创新性知识的能力，也要能够通过全面分析得出关于满足中蒙经贸合作需求的发展战略。高素质人才不一定都具备解决中蒙经贸合作中各方面问题的思维与能力，因此随着中蒙经贸合作的进一步展开，对适切性人才的需求量会日益增加。各高校对适切性人才的培养既要遵循人的发展规律，又要遵循中蒙经贸合作的发展规律。两者既相互联系，又相对独立，要以辩证统一的观点来看待。高校要兼顾企业和学生这两个核心利益相关组织与个人的需求，不能轻视学生，也不能轻视社会对人才的要求，抓好"一带一路"构想这个发展机遇，努力做好人才培养规划，为中蒙经贸合作输送高适切性的人才，因此有关中蒙经贸合作适切性人才培养理论及实践亟须展开深入研究。

1.2　研究目标、内容与方法

1.2.1　研究目标

本书基于国际贸易理论、相互依赖理论和区域经济合作理论来分析中蒙经贸合作背景，并且以高等教育价值理论、利益相关者理论、多元文化教育理论、教育供求理论为基础对中蒙经贸合作适切性人才培养路径进行深入研究。本书旨在厘清中蒙经贸合作人才的宏观需求影响因素与微观需求状况，并通过对中蒙经贸合作人才供给状况的研究力争对中蒙经贸合作人才供求均衡做到清晰认识；通过耦合协调度模型探究中蒙经贸合作人才供求适切性的深度含义和供求对接机制，梳理、归纳、分析和探索中蒙经贸合作适切性人才培养体系与模式；提出中蒙经贸合作适切性人才培养的创新机制和模式，具体包括人才培养目标与中蒙经贸合作发展的互补匹配性问题、人才培养方案与中蒙经贸合作发展的互促融合性问题、人才培养结构与中蒙经贸合作发展的互动协调性问题；最后升华、总结出针对中蒙经贸合作适切性人才培养的政策建议。

1.2.2　研究内容

1.2.2.1　中蒙经贸合作适切性人才供求状况

"一带一路"倡议是中国同沿线国家和地区经贸合作、跨区域政治文化交流的重大构想，中蒙经贸合作是"一带一路"倡议下中蒙关系全面发展的新尝试。为了加强中蒙经济走廊在政治、经济、文化等领域的全面建设，有效提升中蒙经贸合作人才对中蒙经济走廊建设的适用性，本书对中蒙经贸合作适切性人才需求与供给的相关文献进行了梳理、归纳，并且对相关理论基础进行了阐述，构建了需求侧的适切性人才胜任力模型与供给侧的适切性人才培养指标体系，积极探索符合时代发展的中蒙经贸合作适切性人才供给模式。

1.2.2.2　中蒙经贸合作人才供求动态均衡分析

本书以企业对中蒙经贸合作适切性人才需求为出发点，构建企业对人才需求与高校人才培养效果统计模型，定量刻画中蒙经贸合作人才供求之间的适切性，探索高校人才培养机制和模式中存在的与人才需求不适切的问题，并且对供求对接机制及其机理进行分析，发掘其内在原因，以期更好地促进人才与社会的适切，改善供需失衡问题，满足中蒙经贸合作对适切性人才的需求，为区域经济合作发展和当地的社会经济文化发展提供人才与智力支撑。

1.2.2.3　中蒙经贸合作适切性人才培养体系、维度与质量分析

根据对中蒙经贸合作适切性人才的动态均衡分析，本书从国家、企业和高校三个层面对中蒙经贸合作适切性人才培养状况进行分析，并且基于理念体系、目标体系、模式体系、行为体系与层级维度、空间维度、时间维度、语境维度和专业维度对中蒙经贸合作适切性人才培养体系的优化进行深入思考，辅助以实证研究来分析我国高校学生学习质量；围绕中蒙经贸合作适切性人才的培养体系与培养模式进行深入分析，为下文对中蒙经贸合作适切性人才培养路径提出政策建议打下基础。

1.2.2.4　中蒙经贸合作适切性人才培养的创新路径研究

基于对中蒙经贸合作适切性人才培养体系的分析，总结目前人才培养体系中出现的问题，其主要包括人才培养目标与中蒙经贸合作发展的互补匹配性问题、人才培养方案与中蒙经贸合作发展的互促融合性问题和人才培养结构与中蒙经贸合作发展的互动协调性问题，并且提出中蒙经贸合作适切性人才培养的创新路径。

1.2.2.5　中蒙经贸合作适切性人才培养的政策建议

基于上文对中蒙经贸合作适切性人才培养体系及其机制和模式的分析，从宏观的国家层面和微观的企业层面、高校层面分别提出政策建议，为中蒙经贸合作适切性人才培养提供政策支持。

1.2.3　研究方法

（1）内容分析法：通过收集多种文献、政策文件等，对资料进行分类、归纳整合和研究。

（2）问卷调查法：通过对目标研究对象发放调查问卷，收集有关中蒙经贸合作人才培养现状的数据。

（3）调查研究法：通过实地调研，对利益相关者进行深度访谈，对访谈的内容进行关键信息提取。

（4）模型分析法：构建供求模型及耦合协调度模型，定量刻画中蒙经贸合作适切性人才供求之间的适切性，并且对其影响因素、机制等进行剖析。

（5）案例分析法：通过典型案例分析，为中蒙经贸合作适切性人才培养的战略路径及政策体系的形成提供参考。

（6）实证研究法：构建实证模型，基于问卷调查和调查研究获得的数据对目标研究对象进行实证分析，对中蒙经贸合作适切性人才培养的影响机制进行剖析。

1.3 研究框架、创新点及局限性

1.3.1 研究思路和框架

本书以中蒙经济走廊建设对中蒙经贸合作适切性人才的需求为切入点，旨在通过对中蒙经贸合作适切性人才培养效果和人才培养体系模式及机制的分析研究，围绕人才培养目标、方案与结构等方面，提升中蒙经贸合作人才供给的匹配性和适用性，助力"一带一路"建设。研究思路包括以下四个递进步骤：

（1）在梳理、归纳当前国内外学术研究与实践成果的基础上，对相关理论进行阐述，其中：关于中蒙经贸合作的理论包括国际贸易理论、相互依赖理论和区域经济合作理论；关于高校适切性人才培养的理论包括高等教育价值理论、利益相关者理论、多元文化教育理论、教育供求理论。

（2）对中蒙经贸合作主要利益相关者（多种类型的企业、专业人才培养机构、高校、在校学生及毕业生）进行调查，掌握中蒙经济走廊建设对人才的需求状况，包括专业结构需求及人才素质需求。

（3）通过典型调查方法，对中蒙经贸合作适切性人才培养现状进行调查分析，通过构建实证模型对人才需求宏观影响因素进行定量分析；通过构建人才胜任力模型，在问卷调查的基础上对中蒙企业进行调查，分析企业对人才的需求状况；通过构建指标体系，利用层次分析法来分析人才供给的影响因素；通过构建中蒙经贸合作适切性人才供求耦合协调度模型及采用因子分析法来分析人才供求状况及其协调度；通过实证研究来定量分析生师互动、学习挑战度对学习收获的影响，分析当前中蒙经贸合作适切性人才培养模式的改进方向。

（4）进一步发现中蒙经贸合作适切性人才培养模式的问题和产生原因，分析其创新机制和模式，形成中蒙经贸合作适切性人才培养的战略路径及政策体系。

本书的总体框架、思路和方法如图 1-1 所示。

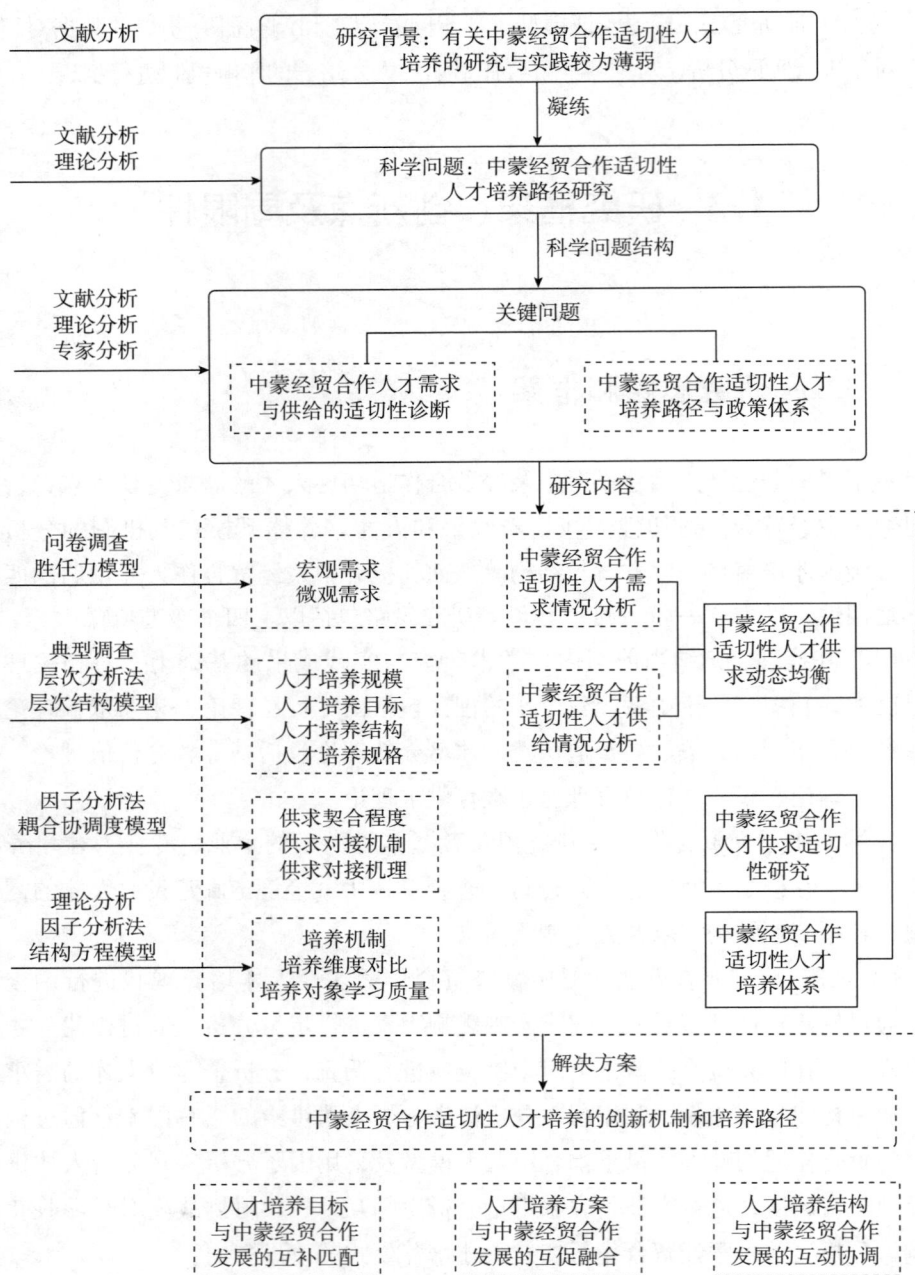

图 1-1　本书的总体框架、思路和方法

资料来源：笔者绘制。

1.3.2　研究的创新点

（1）在中蒙经济走廊建设的大背景下，将中蒙经贸合作战略同高校人才培养相结合，将人才的多语种学习同专业知识和技能学习相结合，以一个全新的思路来创新中蒙经贸合作适切性人才培养的机制与模式，丰富区域经济发展模式，这符合当前国家发展的要求。

（2）通过构建统计模型，以层次分析法、因子分析法、实证研究法等定量方法对中蒙经贸合作适切性人才培养的供求状况进行研究，在建立统计模型时力求使其能够具有普遍的说服力；同时还具备动态权变特征，能够随着内外部政策、环境的变化而调整，从而为以后更多的区域经济合作提供理论支持和实践经验支撑。

（3）在中蒙经贸合作建设框架下，综合运用教育学、教育经济学、国际贸易学、统计学和管理学等学科理论，在整体素质观的理论视角下，探索契合中蒙经济走廊建设需求的中蒙经贸合作适切性人才培养路径，其包括语言、技术、国际视野、品德等多重要素在内的综合素质的培养，这对于学术界来说既是一种理论的创新，也是本书学术价值的重要体现。

充分利用我国与蒙古国在地理位置、语言、教育及贸易发展上的优势来探讨适切性人才培养路径，可以形成富有地方特色、民族特色、区域特色的高层次人才培养理论体系，使高层次人才培养理论地方化、特色化，这也显示了本书独特的学术价值。

（4）中蒙经贸合作适切性人才培养机制与模式的创新是促进边疆民族地区经济、社会和文化持续性协调发展的重要因素，而且在促进民族团结、边疆稳定及促进中蒙经济走廊建设方面均起着积极的内部推动作用。本书将构建适切性人才供求模型并进行实证分析，为高校适切性人才培养的改革探索和人才培养机制的构建提供借鉴。

1.3.3　研究的局限性

尽管本书具有以上创新点，但同时也存在一些不足之处，需要在后续研究中进一步重视和完善。其研究的局限性主要表现在以下三点：

（1）在研究数据方面，虽然本书已经确保通过各种手段获取真实的数据，但在调研过程中，受调查人员能力所限，加之项目涉及中蒙两国，对蒙古国的数据调研不够充分，而我国开展中蒙经贸合作适切性人才研究的高等院校主要集中于内蒙古自治区，因此本书关于中国数据的调研主要集中在内蒙古高校，使数据存在一定的局限性。

（2）在研究对象方面，本书的实证研究对象主要是内蒙古高校，所以不能确定本书针对中蒙经贸合作适切性人才培养模式和机制的改进建议能否对其他地区的实践具有参考作用，需要扩大数据收集范围以进一步提升研究结论的普适性。

（3）在研究针对性方面，本书采用普遍使用的分析方法，尽管已经在这些方法的基础上针对内蒙古自治区的特征做了适当调整，但是还需要在分析方法和手段上做进一步的改善，使得出的结论对当地人才培养模式具有更强的指导意义。

第❷章
相关概念和文献综述

本章根据中蒙经贸合作建设框架，融合高校人才培养的地方特色、民族特色和区域特色，针对中蒙经贸合作、人才的适切性和人才培养提出符合本书研究内容的概念和边界界定，并且通过文献综述对三者的研究现状进行梳理、分析和归纳，发现相关领域研究缺陷，形成新颖的研究视角。

2.1　相关概念

2.1.1　中蒙经贸合作

大卫·李嘉图（1817）在比较优势理论中指出，两国之间进行的经济贸易合作是双方开展生产交换活动的互惠互利过程。国际经济合作开始于第二次世界大战以后，贸易往来的主体包括不同主权国家、国际经济组织和超越国家界限的自然人与法人，这些个体追求共同利益的实现，开始在生产领域中进行生产要素的流动与重新配置等长期的经济协作活动。

中蒙经贸合作是中蒙两国之间半个多世纪以来进行商品交换的全过程，包括两国之间由政府引导或各类企业相互之间自发进行的贸易往来，合作内容主要为经济贸易方面的商品进出口及投资活动等。

2.1.1.1　贸易合作原因

中蒙两国之间的贸易往来在早年间就陆续进行着。起初，双方进行的贸易活动只是居住于边境地带的人民由于物资匮乏，将自己拥有的物品与邻国人民进行交换，从而满足自身的需求。随着历史的变迁，两国逐步意识到双方资源的互补性。蒙古国国土面积广袤，拥有丰富的自然资源，矿产资源蕴藏量居世界前 20 位。经济上，蒙古国以农牧业和采矿业为主，矿产的出口支撑起蒙古国的发展。但是，由于人口较少，劳动力资源匮乏，导致矿产开发受阻严重，使蒙古国整体上发展速度缓慢，需要对国外的先进技术、资金及人力资本等进行引进。除此之外，蒙古国的农业技术较为落后，因此蒙古国人民对中国丰富的蔬菜、水果等农产品的需求较为旺盛。相比之下，中国的人口充足、市场广阔且掌握先进的农业技术，但是矿产资源匮乏。因此，中蒙之间进行贸易合作能够很好地进行互补。不仅如此，凭借着独特的区位优势，两国之间进出口贸易成本大大降低，运输方面的便利更是在很大程度上促进了两国之间的进出口活动，使两国共同追求互利共赢的目标得以实现。

2.1.1.2 贸易合作发展历程

中蒙两国于 1949 年建交，1951 年在两国政府的共同努力下建立了贸易关系，开始系统地进行生产交换活动。1960 年，由于国际形势变化导致中蒙贸易进入停滞阶段。直到 1989 年，两国建立起了政府间的与经贸、科技合作相关的委员会，双方关系得到缓和，经贸合作又开始兴起。数年的发展使得两国情谊不断深化，建立起了友好的国际关系，并且经贸合作涉及的范围也逐年扩大。起初在进行贸易合作时，中国向蒙古国出口皮革制品、绸缎、水果、干果等货物，蒙古国向中国出口牲畜、毛皮等货物。1956 年以后，蒙古国开始从中国进口大米、丝织品、干果等生活必需品，并且将毛皮、马匹等出口到中国。除此之外，两国经贸范围还包括医疗资源、开展项目所需的基础设备、相关零件材料等几百种货物。随着时间的推移，经贸合作范围逐渐扩大，合作推动着各自优势产业的发展，同时在贸易往来中也弥补了各自弱势产业的不足。

2014 年，中蒙两国建立了全面战略伙伴关系，蒙古国作为我国向北开放的重要邻国，与我国的贸易合作还有很大的发展空间，因此在中蒙俄经济走廊建设中扮演着重要的角色。当前两国合作存在一定的困难，如相对落后的基础设施造成的阻力等。这些问题都是中蒙经贸合作前行道路上的阻碍，需要两国政府的努力，做好增进相互了解的工作，以巩固两国合作的政治基础，保证贸易合作的友好、有序开展。我国应依托地缘优势，凭借生活习惯、民族风俗习惯等方面的相通之处，加强与蒙古国的互动。国际贸易的发展需要中蒙双方的积极参与、配合协调与共同努力，只有在双方信任的基础上才能做到贸易合作伙伴关系的深度强化。

2.1.2 适切性人才

2.1.2.1 适切性

适切，即适合、切合，表示事物的恰当程度。目前，我国关于中蒙经贸合作适切性人才培养和供给问题的相关研究成果较少。"适切性"最早出现在工业领域，后来被教育领域的研究者引用，用来解释高等教育存在的问题。吴青峰（2014）认为，人才培养的适切性是指高校的人才培养模式、途径及教学理念等方面是否与接受教育群体的知识基础、兴趣、社会对该时期人才的需求状况、师资、设备、实习等条件相适切。如果其中的任何一条不相适切，那么都是不科学的、不合理的。适切性可以考察高校人才培养模式的合理化程度、创新程度等，因此，适切性人才逐渐出现在学者的研究视野中。人才的适切性是高校人才培养工作的考量指标，也是高校的价值体现，高校只有培养出社会所需人才，其价值才能够得到实现。

要想培养出适切性人才，不能无序地创新或迎合市场需求，而是既要彰显高校人才培养特色，又要做到对不同阶段的市场需求进行灵活预测。同时，适切性人才的培养要凸显时代特色和教育价值观。

2.1.2.2 适切性人才的培养

人才培养的适切性是地方高校人才培养理念、目标、模式、途径等方面能否与接受教育群体的特点、知识基础与偏好等相契合；人才培养过程中所规划的方案内容、所追求的目标与最终达到的程度能否满足当前时期社会对人才的需求；高校的实际情况能否满足人才培养的要求，如师资力量、基础设施能否满足学生学习与实践的要求。这些都包含在适切性人才培养的工作之中，仅完成一方面或几方面都是不充分的。

要保证人才的适切性培养，就要有针对性地开展工作。根据外部环境和培养对象的特点进行多样化培养。如果只是采取一种培养模式，那么最终投入大量资源培养出来的人才也无法满足社会的需求。

适切性人才培养工作的开展主要体现在以下三个方面：一是高校自主开展人才培养工作，根据社会需求有针对性地开设课程、做好教材编写、编撰独具特色的人才培养方案等。二是保证高校整体的科研能力与创新能力，这样才能审时度势，根据社会需求分析人才培养的侧重点。三是做好从理论知识到实践方法的创新工作，不仅要夯实理论基础，更要在实践中进行理论的检验。在适切性人才的培养方面，高校内部也要建立起灵活的市场需求预测机制，不仅要迎合市场需求，还要把市场的中远期需求融入人才培养的相关工作中。

对适切性人才培养的评价主要从高校、学生、社会三个维度开展：一是针对当前高校的在校学生，了解其对学校人才培养方案的满意度与改进建议等。二是考察高校毕业生，了解毕业生的就业情况及毕业生对社会做出的贡献。三是了解地区对人才的需求情况与该高校毕业生在当地的影响力，根据适切的程度可以分为适切性水平高、适切性水平较高、适切性水平较低、适切性水平低。

2.1.2.3 适切性问题的积极应对

当前，部分地方高校在适切性人才的培养方面存在一定的问题，造成这种情况的原因主要包括：首先，学科与地方产业脱节，没有考虑到社会的需求，因此忽略了相应的人才知识、技能的培养与训练。其次，部分高校只注重理论知识的传授，学生在接受教育的过程中对事物的认知仍旧停留在理论层面，忽略了实践的重要性，学生在课堂中学到的知识无法被真正地应用到后续的实际工作中去。再次，在科学研究方面，只注重产出数量，但是研究成果无法应用在经济建设中，应用价值较低。最后，产教融合、校企合作等方面的缺失也会造成人才培养缺乏针对性，缺少了企业的帮扶。

上述问题都是当前地方高校所反映出来的适切性人才培养过程中遇到的阻碍。这类问题一直未被很好地解决，其中一个决定性的原因是国内高校在进行人才培养工作改革创新时习惯站在人才需求侧的一方进行思考，进行的很多改革并没有从根源上入手，没有从根本上改变教育结构，改革只是停留在表面。这一问题并不意味着要从供给侧方面进行改革，而是应该通过做好碎片化改革、增加教育投入等逐步改善现状。地方高校应该减少无效的人才培养，应投入更多精力在培养优质人才上，保证投入大量资源培养出来的人才能够更好地与社会需求相适切。

适切性人才的培养应在特定区域开展，培养出适切性人才为地区的经济建设贡献力量，为经济社会发展注入动力。一直以来，适切性人才的培养不仅是高校改革创新的目标，而且需要投入大量的资源。

2.1.3　人才培养路径

人才培养路径是人才培养过程中应该遵循的规则和方法，一般是指在人才培养过程中，不断探索组织内部运行的变化规律，在以人为本的理念下遵循人才培养的原则，并且采用相关的、适当的手段，最终达到人才培养的目的。其主要由人才标准、人才选拔方式、人才培养模式、人才考核及晋升等制度构成（王婷婷，2021）。

人才培养路径是建立在企业现有的条件下，对发现人才、培育人才起推动、协调和控制等作用的方法、手段等的总和。人才培养路径主要包括人才培养目标系统、手段系统、管理系统和激励系统等。通过人才培养工作可以使培养对象了解到自身要完成的任务及要实现的目标等，并且对企业的要求进行了解，在学习与提升的过程中有目的地学习相关知识与技能。由此可以看出，对于企业来说，人才培养是一项重要的投资，若能够完成，不仅可以实现人才价值的最大化，还能够为企业带来更高的效益。

高校的教学管理制度是人才培养路径的外在体现。建立教学管理制度的主要目标是促进教育对象的良好发展。管理科学的发展经历了经验管理、科学管理和文化管理三个阶段，可以发现当前多数高校的管理是三者混合的类型。高校要想更好地进行人才培养，就应继续加深对文化管理的理解与尝试。文化管理作为最高层次的管理模式，在培育人才、鼓励人才发展方面能够达到更好的效果。

2.2　边界界定

目前，学术界还没有对"中蒙经贸合作"的概念给出清晰的界定。本书将其界定为中国与蒙古国之间进行商品交换的全过程，主要包括两国之间由政府引导或各类企业相互之间自发进行的贸易往来，如经济贸易方面的商品进出口及投资活动等，不涉及教育、政治等方面的合作内容。

本书将适切性人才界定为在接受高等教育后能够满足企业需求的毕业生。满足企业需求的主要表现为掌握企业录用人才所需技能及满足企业对个人素质的要求等。

本书将人才培养界定为通过国家、企业和高校的联合教育教学活动进行的人才培养。人才培养是高等教育的主要任务，也是高校存在与发展的基础。高等教育也是培养优质人才、大力推进社会建设、推动国家繁荣昌盛的基础性工作。在人才培养的过程中，高校通过安排合理的教学计划，设置专业化课程并积极开展实践活动等带领学生成长，使其熟练掌握专业知识，并且能够将所学知识灵活运用到实际工作中。

本书将高校毕业生均视为人才，人才培养的过程则指学生通过高考进入高校，接受本科教育及研究生教育的过程。学生在高校进行学习后，才能成为满足社会经济发展需求的人才。本书从探索人才培养规律入手，寻找提高人才培养质量的优质途径，这正是对人才培养机制进行研究的意义。

概括而言，中蒙经贸合作适切性人才培养工作是高校通过对中蒙经贸合作的人才需求进行分析，完善人才培养机制和工作考量指标，并且结合时代特色和教育价值观，培养出在专业技能、语言能力等方面适切于经济社会发展需求的人才。

2.3 文献综述

2.3.1 关于中蒙经贸合作的研究

自我国加入世界贸易组织（WTO）以来，经济贸易水平大幅提升，同时也带动了中蒙经贸合作的开展，提高了蒙古国进口贸易水平和资源整体利用水平，促进了蒙古国经济发展。陶克涛（2021）提到，中蒙经贸合作作为中蒙俄经济走廊的重要组成部分，不仅能通过连接中国和俄罗斯贸易运输来加快蒙古国经济振兴的脚步，而且对经济全球化具有长远的战略意义。

在"一带一路"倡议和中蒙俄经济走廊建设的背景下，学者们对中蒙经贸合作尤为关注，中蒙经济走廊建设已成为社会各界关注的热点问题，并且取得了一定的成果。从政策支持角度来看，积极的政策支持可以为中蒙跨境贸易合作提供便利，如高新技术产业和公共交通运输设备等的投入为中蒙经贸合作提供了保障，进而可以为蒙古国带来更多的投资，特别是跨境电商的发展，使蒙古国比较薄弱的高新技术制造业等得到了前所未有的发展（张欣欣，2016）。从中蒙俄经济走廊的地理分布特点来看，蒙古国地处中国与俄罗斯的交界处，所以蒙古国自然成为中蒙俄经济走廊经贸合作的中心点，因此蒙古国也成为政策倾向的重点，这极大地促进了蒙古国经济的发展，更能确保中蒙关系长期健康稳定发展（李艳红，2015），所以要推动中国的"一带一路"倡议和蒙古国的"草原之路"战略的完美对接，以促进贸易便利，全面发展中蒙经贸合作关系（华倩，2015）。基于区域经济合作的视角，Hanson（1996）分析了区域经济一体化合作的优势，认为区域经济一体化导致生产的上下游整合为完整的产业链，这样会挖掘出更大的市场潜力，会有更多的企业和人口向市场边境流动。之后更多的学者包括 Krugman（2000）、Schiff 和 Winters（2002）、Stiller（2003）等对区域经济合作的战略意义给予了肯定。

在众多的研究中，学者们对中蒙经贸合作中道路交通建设的重要性同样给予了肯定，交通道路建设是中蒙经贸合作的基础，尤其是对于铁路运输的建设，这是加快其他产业发展的保障（吉田进和筑波昌之，2009）。基于经贸合作互补性的视角，那·图木尔（2007）、郎萨仁·纳目斯特仁（2008）和青迪·巴特尔（2007）认为，中蒙经贸合作不同于中国—美国、中国—俄罗斯这样的大国经贸合作模式，互补性成为中蒙经贸合作长期稳定的保障，蒙古国传统的畜牧业、种植业有着悠久的历史，可以为中国提供优质的畜牧业产品，形成需求和供给上的互补。蒙古国的基础设施水平较低，在许多产业发展方面，中国可以为其提供更高水平的技术和设施支持。随着经贸合作的不断深入，两国合作不应仅在经济层面，在文化、政治等层面也应当做到互联互通、优势互补。以上成果为本书的研究提供了可参考的材料与研究借鉴。

2.3.2　关于适切性人才及其培养模式的研究

陶克涛（2021）强调了适切性人才对于中蒙经贸合作的重要性，中国与蒙古国在经济共同发展、促进文化互通互融方面都需要适切性人才加入其中，提供专业技能、文化联通等强有力的支持。一方面，中蒙经贸合作的有效开展离不开拥有专业技能和语言能力的高素质适切性人才；另一方面，中蒙经贸合作同样需要兼具理论与实践技能、学习和分析能力的人才。在我国经济发展由高速增长阶段转向高质量发展阶段的背景下，经济社会发展需求发生频繁且快速的变化，尤其是需要具备专业特长且满足社会发展需求的综合型人才。徐少君（2006）认为，适切性人才应当具有特色化，高校尤其是财经类院校建立具有特色的人才培养机制和模式，目的就在于向社会输送具有专业特色和个人特色的高素质人才。这样的特色化培养模式应当符合社会价值需求，如果特色化人才培养偏离了社会价值需求，那么即便这种培养模式具有特色化，也难以满足经济社会发展的要求，甚至出现危害社会的情况。人才培养还应当具有创新性和适切性，在中蒙经贸合作情境下，培养具有中蒙经贸合作使命感的人才也是人才培养的一种创新性和适切性，因此高校人才培养模式根据时代发展的要求来优化人才培养是适切性的表现。申培轩（2003）认为，高校加强适切性人才培养，应当注重学生的就业需求，即有利于实现学生的个人价值追求。其还认为学校教育应同社会需求接轨，应考虑学生的学习成果是否有利于其实现个人价值追求和在社会竞争中获得优势，是否在其未来岗位中拥有继续学习的基础和能力。因此，随着社会对人才需求的动态变化，高校适切性人才培养模式也应当具有动态性，不能一成不变，对不同类型、不同专业的学生不能采用相同的培养模式，应当采用相应的适切性人才培养模式以使学生快速地适应社会经济发展的变化（杨德广，2001，2002）。申培轩（2005）认为，适切性人才是高等教育的培养目标，高等教育的发展表现为其社会适切性的增强，不同的社会发展阶段对高等教育的人才培养要求是不同的，高校要根据不同的要求开发不同的培养模式。杨广云和谢作栩（1997）认为，如果社会对适切性人才的需求超出了高等教育的能力范围，会使高校适切性人才培养效率降低，增加高校人才培养成本，造成财政负担，进而出现人才外流等现象。教学内容不利于学生实践、学生就业所需要的专业技能并不是课程所授等情况，都是人才培养不适切的表现。

我国经济进入新常态，要素驱动转向创新驱动，这对于人才培养的专业设置结构、课程类型丰富度和人才培养层次都提出了更高的要求（董泽芳，2012）。培养适切性人才成为国家和各高校创新人才教育模式、推动高等教育改革的关键目标，也是各高校发现并改进人才培养机制和模式缺陷的着力点。适切性人才的

"适切"不仅在于人才的专业适切，更在于理念、目标、方式和制度方面的适切，目前高校人才在质量、水平和结构方面表现出的适切性还不足以很好地满足社会对于教育方面、人才方面及创新方面的需求（姚宇华，2019）。适切性人才不足的一个主要原因在于理念滞后，我国高校人才培养机制和模式主要包含以下要素：生师互动、教学质量、教学理念、科研学习和质量评价。大多数高校的教学模式仍以教师为中心，教师在授课过程中处于绝对的核心地位。在课程设计安排上，教师更多的是以亲自讲授为主，往往忽略了锻炼学生的独立思考能力，使得学生难以将知识应用到实践中，出现眼高手低的现象，因此上课所学与科研、工作所用不适配，生师互动不充分，学生思考能力不足等成为适切性人才培养的主要问题（李琳等，2018；杨菊仙，2011）。张金福（2017）认为，适切性人才培养能够增加就业率和弥补人才缺口。但是，目前适切性人才不足导致大量人才供给与需求不匹配，使高校输出的人力资源成为社会就业负担。随着经济社会高质量发展，对于高质量适切性人才的需求加大，适切性人才供不应求的现象越发严重。从适切性人才培养理念出发，张金福（2017）提出了系统性思维、结构性思维和创新性思维，地方高校的专业设置、人才培养机制、课程体系和教师教学方法等是问题的源头，应将问题结构化，厘清问题的轻重缓急，从最佳突破口入手改善源头问题，并且要在人才培养机制和模式方面勇于创新。2015年，教育部、国家发展和改革委员会、财政部联合发布的《关于引导部分地方普通本科高校向应用型转变的指导意见》提到，适切性人才的培养要借鉴供给侧结构性改革思维，加强人才适切性；高校要主动寻求与需求方合作，针对人才培养和需求问题与其开展深度探讨和合作，增加人才培养中的实习实训环节，在人才培养过程中使学生与社会需求接轨，增强其适切性。在人才培养过程中加入技术创新、应用型学科要素，形成产学联动。尤其要注重与当地文化特色、产业特色和地方主导产业相适应，开展适切性的应用型专业学科建设。在技能型适切性人才培养方面，王全旺和赵兵川（2016）认为技能型人才适切性低的原因在于国内、国际的整体经济状况不佳，尤其是在后金融危机时期，劳动力市场需求不强，造成高校人才就业面临岗位与所学知识不适切的问题。

房敏（2013）聚焦公共管理专业应用型适切性人才认为，应在当前基础上改变和创新教育理念，人才培养观念和模式应当根据外部环境的变化而适当调整，不能一成不变。要弄清楚什么是适切性人才，就要先明确适切性人才需要具备什么样的能力、哪些能力有利于学生顺利就业、哪些能力有利于学生实现社会价值。这一培养理念体现了社会对人才全方位发展的需求。因此，高校要突破标准化人才培养的局限性，根据当地特色创新性地拓宽人才培养的方向和领域，重视理论学习的同时要加强实践教育，培养出求真务实的适切性人才。王庆如（2008）基于民办高校人才培养模式认为，适切性人才培养应当具有以下特点：①以人为本，即从学生个人特点出发，尊重学生的个性培养。在当前经济社会发展要求人才具有特色化的背景下，适切性人才需要具备独特的专业技能和思考能力，如果人才都是在标准框架下培养出来的，那么就很难具有独特的想法和思考。对于学生应当因材施教，切忌用一把尺子衡量所有人。②尊重学生的个人价值，每个学生的气质、特点都是不一样的，因此对经济社会发展的思考、认知和情感都有差异。要从学生个人特质出发，培养其独特的优势技能，遵从个人发展的自然规律。③主体式教育，在教育活动中要逐步实现以学生为主体，突破以往以教师授课为主的教育模式，培养学生独立自主的思考能力，达到学生自我管理、自我完善的目的。④课程设置与学生个性相适切，适切性人才培养的直接手段就是授课，因此高校的课程结构、层次设置影响着适切性人才培养的质量。高校课程设置要突出科学与个性，在国家课程标准框架下加入符合学生个性和当地发展特色的教学课程，打造一个均衡发展、创新发展的培养体系。⑤多元化评价体系，真正地将学生视为教学过程的中心，对于课程的设置要符合学生的个人价值追求，加强适切性人才培养过程中的反馈控制。⑥打造优质教育环境，将刻板的教育教学打造成适合学生学习、思考、实践的良性循环生态系统，加强校园建设和文化建设，培养学生的人文精神，使其成为社会主义建设新人才。

2.3.3 关于中蒙经贸合作适切性人才培养的研究

国内就中蒙经贸合作中高素质的适切性人才培养相关研究成果并不多。要为中蒙经贸合作培养综合型适切性人才，首先要做到语言互通。目前语言互通问题在中蒙经贸合作的相关研究领域中得到了学者们的关注，其主要包含三个方面：一是接受蒙古语授课的学生，其汉语和英语水平相对不足，尤其是大学英语四六级的通过率不理想，大大降低了中蒙经贸合作人才的培养质量（照格申白乙，2011；宝乐日，2013；李广学，2016）。二是重点培养中蒙经贸合作适切性人才的高校的教学问题成为一大阻碍。其问题包括大部分高校人才不愿意流动任教导致师资短缺、教学方法落后导致高校人才不能灵活运用所学知识等（陈瑛，2008；乌兰图雅，2013；王秀艳和代征远，2018）。教师运用双语的水平直接影响学生对双语运用的理解，但是在少数民族地区，教学模式通常专注于应试而非知识的灵活运用，从而导致这些问题普遍存在（荷叶，2018；包迎春，2014）。三是高校的人才培养模式亟待改进。包天花（2018）认为，跨境合作培养和校企合作培养是改善高校人才双语能力的重要途径；王伟兰（2018）认为，在人才培养的过程中，对教师的激励、考核和指导也非常重要。

中蒙经贸合作人才的适切性还应当表现在价值取向的适切性方面。基于社会价值理论，脱离社会价值的人才培养是与国家和社会的人才需求不契合的（崔清源，2009），所以中蒙经贸合作适切性人才必然是将个人价值追求融入社会和国家的价值创造中。王少梅和张妍（2010）指出，高校有必要根据国家经济发展产生的重大经济和社会问题进行人才培养模式和机制的调整，以培养出适应国家经济社会发展的高素质专业人才，要主动发现人才培养与当地经济发展需求的契合点，使人才培养合理化，将人才培养与当地经济发展相结合，这正是中蒙经贸合作适切性人才培养的重中之重。

个性培养和社会责任培养相结合是中蒙经贸合作适切性人才培养的关键。高校在培养人才的过程中，既要尊重学生的自我价值追求，不限制他们的创新能力，也要在明确其个人价值的基础上，将其与国家和社会的需要相契合（马红霞，2008）。高校要明确人才培养的方向，关注社会需要的人才类型，同时也应了解学生个体特性，知道他们对未来方向的期待（焦建平和王星飞，2013）。因此，在"一带一路"倡议的号召下，应当优先培养个人发展追求同中蒙经贸合作发展需要相契合的人才，这样的人才培养才是更适切的。

围绕中蒙经贸合作培养适切性人才已成为多国学者的研究重点，并取得了有效的成果，关于中蒙经贸合作的研究不仅反映经济合作问题，还涉及两国的政治政策沟通、文化交流互融的问题。但是，纵览相关研究成果，针对中蒙经济走廊建设所需要的适切性人才培养的相关研究尚十分欠缺，其研究的视角仅从双语教育或少数民族学生学习特点等角度展开，契合中蒙经贸发展需求的人才培养研究还非常薄弱，亟须展开深入研究。

第❸章
理论基础与研究假设

本章基于前文的概念界定与文献综述，将研究建立在国际贸易理论、相互依赖理论、区域经济合作理论、高等教育价值理论、利益相关者理论、多元文化教育理论、教育供求理论的基础上，并以此为依据提出研究假设，拓展相关理论的应用与实践，构建出中蒙经贸合作适切性人才供求影响因素、中蒙经贸合作适切性人才供求动态均衡、人才培养路径创新研究等方面的理论框架。下面将详细阐述本书的理论基础和在理论基础上提出的研究假设，清晰地呈现出本书的理论构建与假设的提出过程。

3.1　理论基础

本书是在"一带一路"建设的时代背景下，探索和研究中蒙经贸合作适切性人才的培养路径和模式，这将为"一带一路"沿线各国和地区人才资源的开发、利用与实施提供参考依据。本书从时代背景、理论方法和指导思想出发，基于国际贸易理论、相互依赖理论和区域经济合作理论来分析中蒙经贸合作现状，以高等教育价值理论、利益相关者理论、多元文化教育理论和教育供求理论来指导对中蒙经贸合作适切性人才培养路径进行深入研究。

3.1.1　国际贸易理论

古典国际贸易理论始于18世纪中期，是在批判重商主义的基础上发展起来的。17世纪下半期，在法国出现了反对重商主义、主张经济自由和重视农业的思想，并且形成了重农学派。亚当·斯密（1976）和大卫·李嘉图（2011）在重农学派的基础上，分别就国与国之间的绝对成本差异与生产技术相对差异提出了绝对优势理论和比较优势理论。19 世纪中叶，穆勒（1997）的相互需求理论和李斯特（1961）的贸易保护政策理论进一步完善了比较优势理论。国际贸易理论的第二个阶段——新古典国际贸易理论在 20 世纪初产生，其中包括俄林（1986）H—O 理论和萨缪尔森（1953）H—O—S 理论。"二战"后，随着世界格局的改变，国际贸易结构也发生了变化，过去的贸易理论亟待调整，新贸易理论随之诞生（全新派相关理论），主要包括新生产要素理论、偏好相似理论、动态贸易理论、产业内贸易理论和国家竞争优势理论等。相比于完全竞争市场的假定前提，新贸易理论则更加符合国际贸易的现实情况，新贸易理论与古典贸易理论相结合形成的新兴古典贸易理论则对国际贸易内容进行了更新，给出了全新的思路。

3.1.1.1　古典国际贸易理论

（1）绝对优势理论。

亚当·斯密（1976）在劳动分工理论的基础上进一步提出了绝对优势理论，认为在国际贸易中，各国以其绝对的优势产品或服务向其他国家换取自身绝对劣势的产品或服务，从而获得经济利益。绝对优势理论的主要思想为在国际贸易中只有拥有绝对优势的国家才能获益；相反，没有任何优势的国家就无法获益。这样的差距取决于国家之间资源条件、知识技术、市场状况的差距。虽然绝对优势理论具有一定的局限性，但是可以反映出中蒙经贸合作的基本原则，中国以其技术、劳动力资源充足、基础设施建设等优势获利，同时蒙古国以其丰富的自然资源获利，实现双方的互惠互利。

（2）比较优势理论。

大卫·李嘉图（2011）针对绝对优势理论的局限性提出了比较优势理论，认为即使是产品或服务处于绝对劣势的国家也可以在贸易中获利。在产品或服务贸易中处于劣势的国家可以选择出口贸易劣势程度较低的产品或服务，选择进口贸易劣势程度较高的产品或服务，从而以最小的比较成本获得最大的比较收益。在中蒙经贸合作过程中，蒙古国可以出口其自然资源，进口具有高技术含量的产品，以此来实现最小成本，提高获益水平。

3.1.1.2　新古典国际贸易理论

（1）H—O 理论。

赫克歇尔（1919）基于要素禀赋的基本观点提出了 H—O 理论（又称赫克歇

尔—俄林理论），该理论认为国际贸易是基于各国之间要素禀赋差异和生产要素利用率差异而产生的。俄林（1986）在赫克歇尔理论的基础上提出了国际贸易产生的原因：①各国商品价格的差异；②相同生产要素的相对价格不同导致国家间商品的相对价格存在差异；③生产要素供求差异导致各国内部生产要素的相对价格不同。基于此，H—O 理论认为，在国际贸易中，各国应出口采用本国相对贸易优势的生产要素生产的产品，进口那些本国贸易劣势程度高的产品。例如，一个地广人稀、矿藏资源丰富的国家，需要向人口密集的国家进口大量的劳动密集型产品，出口自身丰富的、开采成本低的矿藏资源。在中蒙经贸合作过程中，中国拥有大量的劳动力资源和成熟的技术优势，蒙古国拥有丰富的矿藏资源，因此中国应当以其劳动力优势和技术优势去出口成本较低的制造业产品，并且可以向蒙古国输送大量的劳动力资源和技术知识，蒙古国应当出口其开采成本较低的矿藏资源，进口本国开发成本高的制造业产品。

（2）H—O—S 理论。

20 世纪中叶，萨缪尔森（1953）发展了要素禀赋理论，用数学方法论证了 H—O 模型，并且得出了要素价格均等理论（H—O—S 理论）。H—O—S 理论认为，不同国家消费者的收入水平和市场的供求水平不同导致了各国之间产品价格的不同，消费者对产品的需求不仅影响生产者对生产要素的需求，而且还影响生产要素供给的质量与数量，因此其也决定着要素的价格，反过来生产要素的价格又作用于产品的价格。可以看出，不同国家生产要素的禀赋差异是产品价格差异的根源。但是，这样的差异导致进口向价格较低的国家偏移，当地市场的需求量增加导致卖方市场形成，生产商会提高产品价格，进而提高生产要素的价格。同理，产品价格较高的国家因其需求量减少导致生产要素价格逐渐降低，不同国家的生产要素价格水平最终会逐渐趋于一致，即要素价格均等。

3.1.1.3 新贸易理论

无论是古典国际贸易理论还是新古典国际贸易理论，都存在一些局限性：一是理论分析的前提假设是市场为完全竞争市场，这对于多数行业来说并没有有效的实际指导作用；二是认为市场中的产品是同质的，即只存在劳动力这一种生产要素，产品或服务的优势仅体现在低成本优势方面，忽略了产品本身的差异化，如技术、资本差异；三是各国间的分工合作仅限于行业间的分工，忽略了行业内部的分工。

新贸易理论在前面理论的基础上，丰富了国际贸易理论的内涵，主要包括新生产要素理论、偏好相似理论、动态贸易理论。

（1）新生产要素理论。

以美国为代表的资本密集型国家，按照 H—O 理论，应进口劳动密集型产品，出口资本密集型产品，但是美国却在贸易中选择进口大量的资本密集型产品，这是由于 H—O 理论未考虑资本要素，忽视了资本要素对进出口的影响。如果考虑资本要素，自然资源的开发也需要耗费大量的资本，因此新生产要素理论是对国际贸易理论的新发展。基辛（1988）、凯南（1965）、舒尔茨认为，应将资本这一要素加入劳动力要素中形成新的人力资本要素，即加大对劳动力技能素质提升的投资，那么对于劳动力要素和资本要素均丰富的国家来说，可以加大人力资本密集型产品和服务的出口量。此外，创新、信息等无形的要素有利于降低产品成本，并且增加其产品的差异化，进而在国际市场上获得比较优势。

（2）偏好相似理论。

林德尔等（1961）认为，一种产品的国内需求是其能够出口的前提条件，即出口只是国内生产和销售的延伸，企业不可能去生产一个国内不存在巨大需求的产品。影响一国需求结构的最主要因素是收入水平，高收入国家对技术水平高的产品需求量大，低收入国家对技术水平低的产品需求量大，所以两国消费偏好越相似，就越容易发生贸易。在中蒙经贸合作中，蒙古国丰富的矿产资源充分满足了我国发展的资源需求，同时我国强大的制造业水平也充分满足了蒙古国对于产业结构调整和基础设施建设的需求，为双方国际贸易合作打下了坚实的基础，同时蒙古国国民平均收入水平的不断提高也使中蒙国际贸易合作的契合程度不断提高。

（3）动态贸易理论。

波斯纳（1961）将技术作为独立的生产要素，进一步扩展了 H—O 理论，进而证明产品的优势不能局限于成本优势，还应当体现在差异化方面。雷蒙德·弗农（1966）将技术要素与产品生命周期结合起来阐述国际贸易的形成和发展，认为产品在生命周期的不同阶段所需的生产要素不同，而不同国家生产要素种类的丰富程度决定了该国的产品生产阶段和出口状况。克鲁格曼（2001）认为，技术进步使某一国家的产品比较优势与国际拉开差距，使得该国获利。此外，林毅夫（2017）提出，技术进步是产业结构升级的基础。因此，中蒙经贸合作进程中，技术进步尤为关键，尤其是蒙古国当前技术水平相对落后，应当加大创新力度，优化产业结构。

3.1.1.4 新兴古典国际贸易理论

新兴古典国际贸易理论是 20 世纪 80 年代流行起来的，该理论从新的角度分析了国际贸易产生的原因，认为国际生产过程中的劳动分工使各国各自承担专业化角色，专业化分工使生产效率提高进而形成了各国的专业化经济。但是，专业化分工在降低生产成本的同时增加了交易费用，因而产生了专业化经济和交易费用的矛盾，该矛盾即为国际贸易产生的原因（杨小凯和张永生，1999，2001，2002；杨小凯，2004）。因此，不同于先前的理论，该理论将视角转向了经济互动关系上，中国与蒙古国在经贸合作中需要提高交易效率。

3.1.2 相互依赖理论

基于国际贸易的相互依赖理论始于 20 世纪 60 年代，查德·库珀（1968）认为，各个国家都是相互依存的，只是相互依赖的程度不同，一个国家想要经济稳定增长就离不开相互依存关系，更不应该设置过高的贸易壁垒。尤其是在经济全球化时代，"闭关锁国"行为只会使自身的经济增长停滞甚至倒退。

相互依赖理论的重要内容包括：一是相互依赖的程度以各国在贸易合作中付出的成本和获得的利益大小为衡量标准。二是相互依赖并不意味着利益完全在各国之间平均分配，基于比较优势理论可以知道，处于劣势地位的国家应出口相对优势的产品去获得利益。三是各国之间通过经济贸易合作形成相互依赖关系，而不是通过相互依赖关系进行经济贸易合作。四是相互依赖关系的形式是多样化的，并不局限于政治、经济、军事等领域，还包括很多非政府组织间的其他领域的联系。五是技术进步使自然资源和劳动力资源的流动突破了自然地理区域的限制，当今时代一个国家不可能再以自然地理区域的限制而自我封闭，国家间的相互依赖已经成为国际经济贸易发展的总趋势。

中蒙经贸合作正是顺应时代潮流，充分发挥中蒙双方的优势，通过双方地理位置的天然优势及交通设施的完善、互联网的普及实现了两国低成本的交流，生产要素已经突破了地理因素的限制，通过多渠道进一步实现优势互补、各取所需的共赢局面。

3.1.3　区域经济合作理论

区域经济合作理论起源于 19 世纪的区位理论和"二战"后的平衡发展理论，杜能（1986）在《孤立国同农业和国民经济关系》中提出了空间的区位特征对人类经济活动的影响，为之后的区域经济研究提供了新思路。20 世纪初，韦伯提出了工业区位理论，认为劳动力成本、运输成本及原材料产地等都对工业产业区位选择产生影响。随后克里斯塔勒（2010）对工业区位理论进行了完善，形成了古典区位理论体系。

平衡发展理论认为落后国家存在两种恶性循环，即供给不足的恶性循环（低生产率→低收入→低储蓄→资本供给不足→低生产率）和需求不足的恶性循环（低生产率→低收入→消费需求不足→投资需求不足→低生产率）。因此，平衡发展理论强调通过投资缩小地区间的差距及加强产业发展的平衡性。平衡发展理论忽略了不同地区的资金水平不同，有些欠发达地区不具备充裕的资金去推动该地区所有产业的均衡发展，因此该理论具有一定的局限性。赫希曼（1991）提出的不平衡发展理论突破了这一局限，认为投资应当集中于部分产业，进而通过这些产业推动其他产业的发展。类似地，弗农（1966）提出的梯度转移理论、佩鲁（1950）提出的增长极理论等都主张优先发展相对发达的地区，进而带动周边地区的发展。

在相对优势产业发展起来后，首要的任务就是实现区域协调发展，网络开发理论是点轴开发理论的延伸，认为各类生产要素应当在区域经济发展中形成一个要素流动网络，强调城乡发展一体化。缪尔达尔（2015）的循环累积因果理论认为，区域协调发展需要政府的干预，随后普雷维什（1962）的"中心—外围"理论解释了政府在区域经济发展中不可或缺，其既能够加强市场资源配置的作用，又能够弥补市场自身调节的缺陷。

蒙古国生产力偏低的情况导致国民收入水平较低，进而影响市场供给和需求，而这又进一步遏制了生产力的发展。中蒙区域经济合作为蒙古国带来了丰富的资本投入，提高了当地生产力水平，增加了产品和服务的需求量。

3.1.4　高等教育价值理论

前面介绍了中蒙经贸合作的理论基础，中蒙经贸合作离不开人的作用，人对于知识和技术的探索创新、对于国家经济发展具有推动作用，因此中蒙经贸合作的适切性最主要的是人才的适切性。

高等教育价值是高等教育活动对人才培养所表现出的效果，以及高等教育对培养目标的适用性和满足性，体现在接受教育的个体对其适用性的评价。胡弼成和陈桂芳（2005）认为，高等教育价值取向是对高等教育价值的判断，在此基础上根据个人价值追求和社会价值要求而对高等教育目标的选择。因此，对高等教育价值的判断决定了高校人才培养的方向，决定了在教育目标中究竟是看重个人个性的培养还是看重社会价值的传输（母小勇和韦剑剑，2012）。国家既希望高校能够注重个人的个性化发展，培养具有卓越才能的社会精英，又希望高校能够注重对学生的社会价值培养，为各行各业输送优质人才。对于高等教育，国家应当为高校培养工作提供更多的政策和资金支持，鼓励学术思想自由，培养创新型人才。高校人才的培养价值取向决定了适切性人才的培养体系与模式，在培养过程中将个人价值追求与中蒙经贸合作的人才素质要求相结合，才能培养出最具适切性的中蒙经贸合作人才。

在个人价值取向方面，高等教育价值理论认为个人价值高于社会价值。高等教育培养应当以个人价值取向为中心，在符合个人目标的情况下考虑社会价值。培养人才的目的是遵循其自然发展方向，根据人的个性特征来决定教育目标，使个人的个性和天赋可以得到完善和发展。弗洛姆等（1994）认为，个人价值追求同社会价值要求是不完全冲突的，人是社会人，在人性中也存在着群体意识而不完全是独立意识，人具有社会需求和尊重需求。人的本性是希望自己能够按照个性发展，而教育应当在尊重这一原则的基础上，挖掘人才的群体意识，强调以个人发展来促进社会发展。

在社会价值取向方面，该理论认为个人价值取向忽略了社会系统的完善对社会发展的作用。社会价值取向强调社会价值高于个人价值，个人价值必须服从社会价值，教育价值应当以其对社会价值的贡献程度来衡量。纳托尔普（1986）认为，人具有社会属性，社会属性决定其必须参与社会，人作为社会的一员决定了其生存和发展无法脱离社会的发展。个人价值取向和社会价值取向都忽略了个人的主观能动性，人既具有个人价值追求，也具有突破个人价值取向的思维能力。

个人利益与社会利益既矛盾又统一，而个人价值的实现往往可以推动社会的进步，社会的进步又可以为个人提供更好的发展条件，因此高等教育应当基于当前的社会条件，根据个人的价值取向选择最贴近社会价值的方向去培养人才，使个人理解个人的追求同社会需要的互补性。在中蒙经贸合作中，应当选择具有地缘优势和文化优势的高校作为重点培养机构，因为这些地区的语言、风俗习惯、价值追求较为相似，并且在众多人才中筛选出对经济学、管理学、本土语言感兴趣的学生作为培养对象。在此基础上使这些学生加强对中蒙经贸合作的深入学习，使其成为中蒙经贸合作的适切性人才。

3.1.5　利益相关者理论

利益相关者理论认为，多个个体因为相似的目标自发地聚集在一起，通过合作来实现共同的经济价值，从而实现各自的目标并改善自身的现状（孙晓，2009）。利益相关者指企业为实现生存和发展所依赖的组织和个人。该理论将利益相关者分为三类，分别为企业所有者即股东，与企业有直接经济利益关系的员工、消费者、供应商、管理者等，与企业通过社会关系相连接的政府、媒体等（Freeman，1983）。

随着人才培养模式的发展，利益相关者理论逐渐应用于教育领域。高校培养人才的过程离不开政府政策和资金的支持，离不开内部教师团队和管理人员的努力。基于利益相关者理论，高校人才的培养过程就是一个所有利益相关者参与的联合培养的过程。国家希望高校培养出高素质人才，地方希望高校培养的人才能助力当地经济发展，学生本人和家长希望通过高校的培养能够实现个人的追求。因此，高校在培养人才的过程中要考虑到各利益相关者的要求，将这些要求融入教育目标当中，培养出既能实现个人价值又能为社会发展服务的高素质适切性人才。

在中蒙经贸合作背景下，国家希望具有地缘优势和文化优势的高校能够为中蒙经贸合作培养出在语言、经济、管理、人文等方面发展的高素质人才，以满足与蒙古国交流互通、原料供应、技术开发等的要求。同时，对蒙古国文化感兴趣且了解经济管理知识的学生可以通过高校培养参加与中蒙经贸合作相关的工作。

3.1.6　多元文化教育理论

多元文化教育理论诞生于 20 世纪 60 年代。多元文化教育（Multicultural Education）是在教育过程中加入多元文化理念，认为所有的学生不管是哪个民族、国家，拥有什么样的文化背景，都有权利受到平等的教育。多元文化教育即通过整合多元文化来实现多元文化的互融互通。英国教育学家詹姆斯（1986）提出，多元文化教育是通过不断地改善教育模式和机制实现教育改革，旨在调和多个民族文化间的文化差异，消除社会中不同群体间的隔阂，使社会公众都能正视文化的多样性，从而使每个民族都能实现和谐共处并且相互扶持。多元文化教育理论逐渐得到了全球范围的关注和重视，其中美国教育界对多元文化教育尤为关注，主要提倡多元文化平等、多元文化互融互通、尊重个性化差异：①多元文化平等。多元文化教育旨在将多元文化融入教育过程，使受教育者理解文化多元和文化差异，使他们认识到多元文化的发展离不开文化差异，只有承认文化差异，才能促进文化互融互通，在多元文化交相辉映下推动人类文明前进。②多元文化互融互通。文化应当在多元文化教育下实现有效的交流与融合，在保持本民族文化长处的同时吸收、借鉴其他优秀的民族文化，取其精华，去其糟粕，实现对各民族传统文化的尊重和认同。③尊重个性化差异。多元文化教育尊重每个学生的文化习俗，文化差异导致学生看待问题的观念、心理特征等不尽相同，在教育过程中要以学生为中心，尊重学生的个人价值追求，锻炼学生的主观意识和能力。

多元文化教育理论的研究特点在于：研究了多个国家的文化特征，通过对比来完善多元文化教育模式与机制；研究对象更全面，在研究初期，多元文化教育理论更多局限于西方国家，之后逐渐将研究范围扩大到一些发展中国家，包括非洲的一些较为贫穷的国家，研究其多元文化政策和多元文化发展的关系；研究范围更广，在研究初期，学者只关注不同种族间的文化差异，随着理论的发展，阶层差异和制度差异带来的文化差异受到了越来越多学者的关注；注重理论推进实践，1990年，美国国家多元文化教育协会通过多元文化教育手段呼吁教育公平，该协会已经逐渐成为美国较有影响力的多元文化教育研究组织。1992年，联合国教科文组织发布的《教育对文化发展的贡献》标志着跨文化教育（Intercultural Education）的概念被正式提出，该文件指出，多元文化教育要尊重文化多样性和加强了解可以确认的不同团体的文化，之后美国成立了美国国际与跨文化教育理事会，与此同时，越来越多的跨文化教育活动在其他国家纷纷展开。

我国也是一个尊重多元文化差异的国家，多元文化教育对我国少数民族地区的经济文化发展具有推动作用。中蒙经贸合作想要长期稳定开展，就要依靠多元文化教育，将多元文化理念落实到每个人才的心中，培养尊重文化差异的人才。只有接受和解决中蒙文化差异的人才才是中蒙经贸合作的适切性人才，这样的人才才能够联结中蒙双方，促进相关人员对多元文化的了解，减少隔阂、消除误解，实现多元文化互通互融，实现两国和谐共赢。

3.1.7　教育供求理论

教育供求理论从人才教育供给和需求两个方面阐释了人才教育与社会经济发展的联系。广义的教育供给涉及多方面的内容，不仅限于学校对知识文化的传授，还涉及社会各行各业的专业技能教育等。实现有效的教育供给需要具有完备的教育条件和教育能力，教育培训机构中的教师应具备责任心和教育意愿。影响教育供给有效性的原因包括教育条件不足导致的教育成本过高等。师资力量的薄弱会使受教育者难以接受全面的教育，使教育质量达不到应有的水平；教育资源的匮乏导致教育基础设施不足，如书本更新速度滞后、教育场地不足等，这些都会使教育者和受教育者无法完全投入教学过程，从而降低教学质量；社会对教育的重视程度也在很大程度上影响着教育整体水平，只有社会各界对教育足够的重视，对教育的投资才能增加，从而提高国民教育的质量。

随着经济社会的高速发展，无论是国家、社会还是个人，对教育的要求都在逐渐提高，我国是一个人口大国，经济高质量发展对高素质创新型人才的需求更为强烈，这就需要更高水平的教育。社会对人才教育的需求是与社会经济发展水平呈正相关关系的，社会经济发展程度越高、科技创新越发达，其对高素质人才的需求就越强烈，同时人口数量增加导致社会选拔人才的标准提升，对教育的要求也会相应提高。个人对教育的需求取决于个人的需要层次，教育也反作用于个人的需要层次。当一个人实现自己的个人价值时，他就希望接受更高水平的教育，能够通过教育掌握专业知识和技能，从而获得较高的收入和社会尊重。教育能够提高个人的知识水平，知识能够开阔个人的视野，从而使其不再拘泥于一般层次的追求，而是向着获得社会尊重的目标努力。

我国东部地区的教育水平较高，因此可以培养出很多高素质的、全面的高端人才，但是在比较偏远的少数民族地区，教育资源比较欠缺、师资力量不够强大、教育理念比较落后等导致当地的教育水平不足，人才供给质量偏低。中蒙经贸合作中需要的适切性人才正是少数民族地区的高素质人才，因此需要加强少数民族地区高校人才培养的模式创新和机制创新，加大对少数民族地区教育的政策倾斜和投资力度，使其能有充分的教育条件去培养出切合中蒙经贸合作需要的人才。

3.2 研究假设

在中蒙经济走廊建设背景下，中蒙双方从经济、文化、政治等不同领域加强了合作，经济贸易、产业结构、人力资源等多方面的互补加强了中蒙两国在经济贸易合作中的稳定性。正因为如此，中蒙经贸合作对高素质适切性人才在质与量上有着更迫切的需求，中蒙经贸合作适切性人才的重要性也随之凸显。适切性人才的培养是促进边疆民族地区经济、社会和文化持续协调发展的重要因素，而且在促进民族团结及推进中蒙经济走廊建设方面均起着积极的内部推动作用。本书以中蒙经贸合作适切性人才需求为切入点，探究中蒙经贸合作适切性人才供求动态均衡问题，并且对中蒙经贸合作适切性人才培养体系、培养路径进行深入研究，以期有效提升中蒙经贸合作适切性人才供求的切合性，助推中蒙经济走廊建设。

3.2.1 中蒙经贸合作适切性人才供求影响因素

3.2.1.1 中蒙经贸合作适切性人才需求影响因素

（1）中蒙经贸合作人才需求的宏观层面。

近年来，两国贸易取得了飞速发展，尽管中国对蒙古国的直接投资出现了一定的波动，但是整体上呈现增长趋势，中国对蒙古国的直接投资与中蒙双边贸易之间存在长期稳定的协整关系。中国对蒙古国的直接投资对蒙古国经济增长具有促进作用（王秋红和文竹青，2020），并且对中蒙贸易规模具有正向影响（朝乐蒙，2020），不仅对适切性人才的需求增加了，而且同样影响着中蒙经贸合作适切性人才的需求结构。"一带一路"倡议促进了中蒙贸易合作在能源、交通、通信网络基础设施的双边贸易效应（胡再勇，2021）。2021年1~11月中国与蒙古国贸易差额为-451300.66万美元，2020年中国与蒙古国贸易差额为-339231.7万美元[①]，说明

---

① 2021年11月中国与蒙古国双边贸易额与贸易差额统计［EB/OL］. https：//m. huaon. com/detail/774691. html，［2022-01-03］.

中蒙两国已经成为紧密的贸易合作伙伴，蒙古国更依赖于与中国开展贸易合作。已有研究表明，中国对蒙古国出口导向的对外贸易一定会提高对中蒙经贸合作适切性人才的需求，而蒙古国对中国进口导向的中蒙双边贸易合作也影响着高素质适切性人才的需求。中国对蒙古国的对外直接投资和中蒙双边贸易使中蒙两国的经济取得了明显效益，经济增长与对外直接投资和双边贸易之间具有相互促进关系。刘渝琳和彭吉伟（2010）基于 1985～2007 年数据发现，经济增长与对外直接投资之间是相互促进的，但这种相互作用关系是极其复杂的，并且因区域不同而存在着差异。现今，中蒙两国的经济都呈现持续稳定的增长态势，这会提高对中蒙经贸合作适切性人才的需求和要求。因此，本书将中国对蒙古国直接投资、中蒙双边贸易、经济增长作为中蒙经贸合作适切性人才需求宏观层面的重要影响因素进行分析。

中蒙经济走廊作为"一带一路"倡议下的区域性尝试，其促进了有关中蒙两国双边贸易和对外投资的制度设计，也进一步促进了经济发展。中国对蒙古国的对外直接投资以资源型为主，中蒙经济走廊的建设有利于中国企业"走进"蒙古国，其具体表现为较低的关税、更加快捷的交易进程，以及更低的交易费用和风险。同时，制度环境对国际贸易具有重要影响，已有研究表明，制度质量与双边贸易呈正相关关系，制度质量越好的国家或地区在全球贸易出口的份额就越大，该国家或地区越能从国际贸易中受益（王若茹，2021）。中蒙经济走廊促进了中蒙两国的双边贸易，双方政府的积极政策支持、明晰的产权制度，降低了中蒙两国开展中蒙经贸合作双边贸易的交易费用，这些使我国在中蒙经济走廊中的经济贸易地位日益稳固。好的制度环境意味着更高效的资源配置效率、更低的交易成本、更少的政府干预、更健全的知识产权和法律保护，历史事实证明，在很长的一段时期内，制约我国经济增长与经济发展的关键因素是制度，尤其是产权制度（黄启慧，2010）。刘桦（2017）也证实了产权制度、经济运行制度等促进了地区经济增长。因此，本书将制度作为中蒙经贸合作适切性人才需求宏观层面的重要影响因素进行分析。

汇率的波动对不同行业的影响不尽相同，其对于中国对蒙古国的直接投资是利好的。对于中蒙双边贸易来说，人民币实际有效汇率的变动会对我国的贸易总额产生积极的促进作用，并且对关税具有一定的替代作用。因此，本书将汇率波动作为中蒙经贸合作适切性人才需求宏观层面的重要影响因素进行分析。

（2）中蒙经贸合作人才需求的微观层面。

随着中蒙两国经贸合作的不断加强，两国间企业贸易合作日益密切，企业间交流也不断加强，企业在开展中蒙经贸合作过程中对适切性人才有迫切需求，然而目前存在着高校毕业生就业质量不高、就业率低等问题，这说明我国高校对于中蒙经贸合作适切性人才的培养还存在较多的问题，其对于学生的知识技能及素质方面的培养很难满足企业和市场对适切性人才的要求。已有研究从不同的视角对中蒙经贸合作适切性人才培养和需求进行了分析，企业认为适切性人才应当具备相关的专业知识、工作能力和职业素养。为探究中蒙经贸合作适切性人才微观层面的需求，本书以社会和企业对人才的需求为导向，根据企业重点关注的专业知识、工作能力、职业素养等方面来构建中蒙经贸合作适切性人才胜任力模型，为高校提供新的人才培养模式，从新视角为中蒙经贸合作中的人才培养问题提供解决路径。

3.2.1.2　中蒙经贸合作适切性人才供给影响因素

（1）适切性人才培养机构影响因素分析。

对中蒙经贸合作所需的适切性人才的供给主要依赖各高校和科研机构的培养，中蒙两国高校、科研机构对开展中蒙经贸合作适切性人才培养的重点不尽相同。随着中蒙经贸合作日益密切，对适切性人才有了新的需求，中蒙两国高校和科研机构应重新思考适切性人才培养的方向。

中蒙经贸合作适切性人才的有效供给在一定程度上减缓了人才危机，推进了中蒙合作进程，虽然国家已经加大了对适切性人才培养的扶持力度，但这仍然不能满足开展中蒙经贸合作对人才的需求，并且部分适切性人才存在能力不足、水平过低等问题，这就要求高校等扩大中蒙经贸合作适切性人才的培养规模。蒙古国高校对于中蒙经贸合作适切性人才的培养目标和内容尽管非常丰富，但实际上面临着"同质化、模式化"等突出问题，为解决这些问题，高校在进行适切性人才培养时需要精确定位人才培养目标。从供给端来看，传统的贸易人才已经不能够满足中蒙两国开展贸易合作的需求；从需求端来看，随着"一带一路"倡议的实施，对于适切性人才的数量需求和质量要求都在不断提高，这意味着高校需要对中蒙经贸合作适切性人才培养结构做出调整。从宏观层面来看，适切性人才的培养结构由专业结构、层次结构、空间结构、规模结构等构成，高校等在中蒙经贸合作适切性人才的培养结构方面应积极回应企业与市场等需求方对适切性人才的新诉求，采取有效策略，优化高校对适切性人才的培养结构。在确定适切性人才培养目标后，培养规格也就随之确定下来，高校对人才的培养内容涵盖素质、能力和知识三个方面，蒙古国高校在适切性人才的培养上应侧重凸显高校特色。基于以上分析，本书将培养规模、培养目标、培养结构、培养规格等作为高校对适切性人才供给质量与培养方向的重要影响因素。

（2）适切性人才供给端影响因素分析。

适切性人才供给端的影响因素主要分为三个层面：一是微观层面。如学习态度、学习方式、性格特征、价值观等个体情况，都在不同程度上影响着中蒙经贸合作适切性人才的供给。二是中观层面。企业的规模、文化、薪酬、发展前景等影响着适切性人才的供给。高校的研究经费、专业建设等体现了高校对适切性人才的培养能力，高研发经费与专业建设会提升高校对适切性人才的培养质量。三是宏观层面。良好的政策驱动有利于吸引和留住适切性人才；人才引进政策、培养政策及人才激励政策保障了适切性人才供给的稳定性。经济全球化、突发事件、世界格局多极化等影响着国际形势，而一个良好的国际形势可以为适切性人才及其家庭提供良好的保障，为其提供更广阔的发挥平台，进而间接影响适切性人才的供给。经济环境、生活环境及自然环境作为中蒙经贸合作的大背景，也同样影响着中蒙经贸合作适切性人才的供给。随着"一带一路"倡议相关政策的完善，所担心的适切性人才问题也将会被解决，使其安心工作，实现自身价值。因此，本书从微观、中观、宏观三个层面具体分析中蒙经贸合作适切性人才供给的影响因素。

3.2.2　中蒙经贸合作适切性人才供求动态均衡

中蒙经贸合作人才供给与需求的适切性体现在地方高等院校人才培养理念、目标及效果是否与开展中蒙经贸合作的企业单位等对人才的需求相一致。研究中蒙经贸合作人才适切性的目的在于使适切性人才供给和需求匹配，使企业和高校毕业生都能够找到合适的员工与岗位。对中蒙经贸合作适切性人才的供求均衡进行研究，需要从企业方面出发，分析企业对人才的要求和高校对人才供给之间的耦合程度与切合程度，厘清高校人才培养与企业人才需求的不适切影响因素，总结人才供需失衡原因，并提供相应的供求适切性对接机制。已有研究表明，企业等非常重视应届毕业生对专业知识的应用，同时注重其团队沟通能力、团队协调能力和抗压能力。高校等应注重对学生专业知识收获、分析问题、解决问题能力的培养，帮助学生树立正确人生观、价值观。针对企业对适切性人才的需求与高校对适切性人才的培养两系统研究适切性人才供求的耦合性，本书拟通过建立统计模型测算两个系统的耦合协调性，并且使用该模型分别对中蒙两国的适切性人才供求的切合程度进行分析。

培养人才与留住人才同样影响着中蒙经贸合作适切性人才供求的耦合性与切合性：在培养人才方面，高校是培养中蒙经贸合作适切性人才的重要主体，但在培养人才方面存在着设置专业趋同、理论课程较多等问题，学生从中获益少，这些问题导致人才供给与需求的不适切。在留住人才方面，人才的收入与待遇、地区人才保障机制是其实现自身价值、获得社会认可的核心保障，各地区应通过各方协作留住人才。

3.2.3　中蒙经贸合作适切性人才培养体系、维度与质量

3.2.3.1　中蒙经贸合作适切性人才培养概况

"一带一路"倡议的实施，对中蒙经贸合作适切性人才培养模式提出了更高的要求，而适切性人才培养模式的创新需要多方共同努力：从国家层面来说，应全面贯彻落实中蒙经贸合作适切性人才培养新战略新举措，以政府为引领加强中蒙两国高等教育领域合作，完善中蒙经贸合作适切性人才培养模式与机制。从企业层面来说，首先要对本企业适切性人才培养模式进行改革；其次要加强与高校的合作，联合培养高质量人才，以保障适切性人才供给质量。从高校层面来说，应积极加强中蒙高校互通交流，加大两国教师队伍的建设力度，培养中蒙经贸合作适切性人才，以促进中蒙经贸合作顺利进行。因此，本书从国家、企业和高校三个层面探索中蒙经贸合作适切性人才培养模式的改革与创新，以期为更多的适切性人才培养机构提供人才培养方案，更有效地培养更多高质量的适切性人才，助推中蒙经贸合作建设。

3.2.3.2　中蒙经贸合作适切性人才培养体系

为满足中蒙经贸合作适切性人才建设的需要，必须注重中蒙经贸合作适切性

人才培养体系的构建，适切性人才培养体系作为一个复杂的系统，囊括多种体系：一是理念体系。理念的搭建是形成一个系统的基础，只有理念正确，受理念驱动的系统才能正常运作，从而为高校在培养人才的过程中引导工作方向。二是目标体系。目标是人才培养体系的导向，只有以目标为指引，各高校才能确定出所要培养的人才类型。三是模式体系。模式是高校培养适切性人才的载体，广义的人才培养模式和狭义的人才培养模式作为人才培养模式的有机统一体作用于高校适切性人才的培养过程中。四是行为体系。行为体系主要由思政工作体系、教育教学体系、支撑保障体系、质量监控体系构成，在一定程度上可以被当作人才培养体系的运行体系，影响着最终的适切性人才培养体系。本书将理念体系、目标体系、模式体系和行为体系作为适切性人才培养体系的有机整体，来探索人才培养体系与培养模式的优化途径，以期搭建更有效的适切性人才培养体系，助力中蒙经贸合作的适切性人才培养。

3.2.3.3　我国高校中蒙经贸合作适切性人才培养维度

地方各高校适切性人才培养模式依据学科、学校的不同呈现出各具特色的培养模式。具体而言，地区各高校人才培养模式可以划分为基于微观、中观、宏观视角的层级维度，学生上课方式的空间维度，预科教育与专业教育的时间维度等，通过理论教学与实践教学等多种方式提升适切性人才的专业知识掌握度，培养中蒙经贸合作所需的全能型人才，提高学生就业质量，促进中蒙经贸合作在更大的范围内开展。

3.2.3.4　中蒙经贸合作适切性人才学习质量

在中蒙经济走廊推进及相关政策的支持下，我国高校开始更加注重培养对象的学习质量，旨在培养出高质量的适切性人才。本书针对中蒙经贸合作对适切性人才的需求现状和高校学生的学习状况，分析了影响双语学生学习质量的各类因素。我国关于人才质量培养的研究主要集中于教学活动和学生自身两方面，梳理文献发现，影响学生学习收获的因素包括学生的学习态度、学习动机、投入度等，但从总体上看，关键因素还是在于生师互动和学习挑战度两个方面。生师之间的正式交流会影响学生的课堂收获，而非正式的交流会影响学生对于职业的偏好，生师互动会引导学生健康发展。学习挑战度也激励着中蒙语言型培养对象提高对专业知识的学习兴趣，进而提升学生的专业课程学习收获。因此，本书将生师互动指标与学习挑战度指标作为影响学生学习质量的重要因素。

3.2.4　中蒙经贸合作适切性人才培养路径的创新

中蒙经贸合作是顺应经济全球化和信息多元化的趋势，面对新的发展形势，核心问题就是如何培养具有创造性的人才。高校在适切性人才培养过程中应基于"怎样培养人才，为谁培养人才"这一问题导向，不断加强人才培养工作基础，改革适切性人才培养体系，构建高质量适切性人才培养模式，为中蒙经贸合作培养高质量的适切性人才。

中蒙经济走廊建设更需要应用型人才，对于适切性人才的培养既要注重课堂的教育，培养学生养成良好的学习习惯，也要加强科研和应用实践等方面综合能力的培养，使各高校适切性人才培养目标与中蒙经济走廊建设的需求相匹配。在推动中蒙经贸合作过程中，高校的人才培养方案也应不断进行改革和创新，实施中蒙经贸合作师资培训计划，加强相关教育合作，促进课程资源共享，构建人才联合培养共同体思想意识，使各高校适切性人才培养方案与中蒙经济走廊建设相互融合相互促进。中蒙经贸合作是当今发展的新趋势，这也要求高校等为中蒙经贸合作培养出更多的高素质的适切性人才。依据中蒙经贸合作的人才需求特点，构建新的人才培养结构，积极与"一带一路"建设沿线国家和地区加强合作与交流，对适切性人才培养体系与培养结构不断进行改革和创新，使适切性人才的培养目标、培养方案、培养结构与中蒙经济走廊建设相匹配、相融合与协同发展。

3.2.5　中蒙经贸合作适切性人才培养的政策

为了实现"一带一路"倡议，助推建设中蒙经济走廊，需要从国家、企业和高校三个层面为培养中蒙经贸合作适切性人才提供政策保障。

第一，国家层面。中蒙双方要充分认识中蒙经贸合作适切性人才培养的重要意义，完善与蒙古国开展经济贸易合作体制机制，提高教育援助力度，以文化互动方式融入适切性人才培养模式。此外，也要从政府层面加强对双语教师队伍建设的支持力度。

第二，企业层面。构建企业、高校跨国、跨区的适切性人才培养体系，重视对人才价值观的引导，建立人才考核评价体系，多支点联合建设"工匠式"队伍，为中蒙经贸合作提供适切性人才职业发展保障。

第三，高校层面。树立以"需求"和"问题"为导向的教育理念，强化学科建设力度，创新人才培养体制机制，积极开展中蒙交流互通，建立基于提升职业能力的国际教育基地，培养中蒙经贸合作所需的高质量适切性人才。

第❹章
中蒙经贸合作适切性人才供求
影响因素及其测度

2013 年，"一带一路"倡议的提出，标志着中蒙经贸合作进入了新阶段。首先，中蒙经贸合作的领域不断拓宽，从矿产领域拓展到农业、制造业等领域。从未来的发展来看，中蒙两国在矿产业发展方面仍有共同诉求，经济合作的市场空间与潜力巨大。其次，两国贸易投资合作不断加强。中国是蒙古国的重要经济合作伙伴，在蒙古国外商直接投资中占据首要位置。最后，基础设施建设稳步推进。两国在中蒙铁路建设、中蒙公路网建设及机场建设方面都做出了贡献，促进了中蒙两国经贸合作运输方面的畅通。因此，在推动两国经济合作的过程中，亟须高素质的人才资源。

本章基于前文的概念界定和文献综述，紧靠本书的理论基础，牢牢把握当前研究领域的空缺，从中蒙经贸合作适切性人才需求的宏观与微观层面以及适切性人才供给方面出发，对中蒙经贸合作人才供求影响因素及其测度展开研究。

4.1 中蒙经贸合作适切性人才需求影响
因素及其测度

4.1.1 中蒙经贸合作适切性人才需求的宏观层次

本部分内容从中国对蒙古国的直接投资、中蒙双边贸易、经济增长（内蒙古地区生产总值）等方面进行分析，如图 4-1 所示。

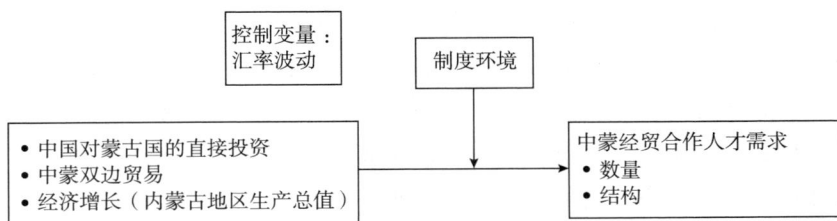

图 4-1　理论模型

资料来源：笔者绘制。

4.1.1.1　中国对蒙古国的直接投资对中蒙经贸合作人才需求的影响

随着"一带一路"倡议的提出，中国对外直接投资额快速增长。与此同时，我国劳动力就业面临着一系列的挑战。在互联网时代，人工智能取代了人工造成了就业岗位的大量减少；我国经济结构转变导致就业弹性不断下降、出口贸易对国内就业的促进作用减弱；我国经济体制改革的全面深化和产业结构调整的不断推进加剧了结构性失业。对外直接投资对我国的就业情况产生了重要影响。近年来，国内学者研究了对外直接投资对母国就业的影响，并且将其归纳为三类，即对母国就业产生替代效应、对母国就业产生创造效应、对母国就业结构产生影响。

对外直接投资对母国就业具有替代效应。支持该观点的学者认为，对于一个国家来说，资本和资源都是一定的，对外直接投资会导致母国资本和资源的流出，从而导致母国资源和资本的减少。学者将其解释为挤出效应。闫佳祺和王云凤（2015）分析了 1979~2014 年我国对韩国和泰国的直接投资与就业数据，得出我国作为母国对外直接投资所产生的就业效应主要是替代效应的结论。余官胜和王玮怡（2013）通过分析民营企业的数据发现，本国规模较小的企业进行对外直接投资不利于母国就业效应。也有学者认为，对外直接投资对母国就业存在替代效应并不明显，张海波和彭新敏（2013）分析了收入水平后发现，开展对外直接投资将对我国就业产生不利影响。对于中等收入地区及教育水平发展不足的地区而言，其对外直接投资产生的就业效应是替代效应，低收入地区虽然也存在就业替代效应，但是此效果不太明显。

对外直接投资对母国就业具有创造效应。部分学者认为虽然从短期来看，对外直接投资会对母国的投资带来挤出效应，但从长期来看，对外直接投资的利润会流向母国。彭韶辉和王建（2016）认为，母国的资本供给弹性与对外直接投资对就业的带动作用呈正相关关系。李夏玲等（2017）通过实证分析认为，劳动密集型产业的对外直接投资可以正向促进母国就业。张原（2018）指出，对外直接投资会通过改变就业结构和增加就业数量促进我国的就业。

对外直接投资对就业结构的影响。学者们认为，对外直接投资将资源由传统产业转移到新兴产业中时，会对就业结构进行调整。罗良文（2007）的实证分析表明，对外直接投资能够增加我国第二、第三产业的就业需求，对第一产业则表现为相反的作用。周大鹏（2016）通过构建面板数据模型发现，对外直接投资对促进就业结构优化具有正向影响。余官胜和王玮怡（2013）将经济发展水平纳入考虑框架中，认为当经济发展水平较低时，对外投资会恶化就业结构。诸惠伟（2012）利用浙江1989~2011年的相关数据分析发现，对外直接投资对总体的就业规模不存在显著影响，但对就业结构起到了优化作用。

综上所述，尽管学者对于我国对外直接投资对国内就业效应的研究视角不尽相同，但是能够得出大致的结论，就是对外直接投资对国内的就业效应具有一定的促进作用。对外投资包括对外直接投资和对外间接投资，其中对外间接投资是指在国际金融市场购买其他国家企业股票证券的投资，包括证券投资和国际贷款，相比于间接投资，对外直接投资作用更大、影响范围更广，当今各国更多展开的是对外直接投资，因此，本书中对蒙古国的投资主要指直接投资。

中国对蒙古国的直接投资从整体上看是一种典型的垂直型投资。韩剑（2015）将对外直接投资分为水平型对外直接投资和垂直型对外直接投资。其中，水平型对外直接投资通过在被投资国建立子公司，进行生产销售，子公司与母公司保持水平关系。这样做的目的是避开贸易壁垒。垂直型对外直接投资是公司在不同国家建立产业链，将生产活动分为劳动密集型、资本密集型和知识密集型，一般来说在总部进行知识密集型生产活动，劳动密集型和资本密集型的生产活动由子公司负责。这种垂直型对外直接投资的目的是利用发展中国家廉价的劳动力和资源。中国与蒙古国资源禀赋互补，因此中国对蒙古国的直接投资是一种典型的垂直型对外直接投资。

随着中国经济的发展，中国逐渐由对外直接投资的被投资国转变为对外直接投资的母国。发达国家为了扩大市场、转移环境污染及获取廉价劳动力，对发展中国家进行垂直型对外直接投资，将劳动密集型企业转移到发展中国家。我国仍是发展中国家，土地辽阔资源总量丰富，但人均资源缺乏，因此我国对外直接投资与发达国家有很大的区别。刘阳春（2008）指出，中国对外直接投资的动因主要是获取自然资源。芳芳和图门其其格（2010）通过分析中国对蒙古国投资规模的数据发现，中国对蒙古国的直接投资额与投资的企业数量约为蒙古国外商投资总量的一半，并且中国对蒙古国直接投资额呈逐年增长趋势。黎青（2017）通过对其进行结构分析发现，中国对蒙古国对外直接投资主要分布在矿产勘探行业。中国企业对蒙古国直接投资主要是对其矿产资源的投资，我国对蒙古国直接投资排名前列的企业包括中国首钢集团、中国有色金属建设股份有限公司、内蒙古庆华集团有限公司和中国神华能源股份有限公司等，不难看出，这些企业都是与矿产资源有关的。中国对矿产资源需求旺盛，尤其是国内的煤炭和铜产品供不应求，与此同时，蒙古国拥有非常丰富的矿产储备，这种供需关系就造成了中国对蒙古国直接投资的特点。特别需要指出的是，中蒙两国具有天然的地缘优势，双边直接陆地接壤长达 4300 多千米，十分有利于陆上运输。

　　中国一直是蒙古国的主要投资国。2014 年，蒙古国新登记注册中资企业共 190 家，占蒙古国新增外资企业总数的 56.7%。据商务部统计，截至 2020 年底，中资企业累计对蒙古国的进口额为 54.9 亿美元，而蒙古国企业对中国的进口额为 19.1 亿美元。从以上数据可以看出，中国一直是蒙古国最重要的也是最大的进出口国。

　　据统计，2000~2020 年中国对蒙古国的贸易进口额总体上呈上升趋势，2020 年，中国对蒙古国的贸易进口额达到了 50.1 亿美元左右，如图 4-2 所示。

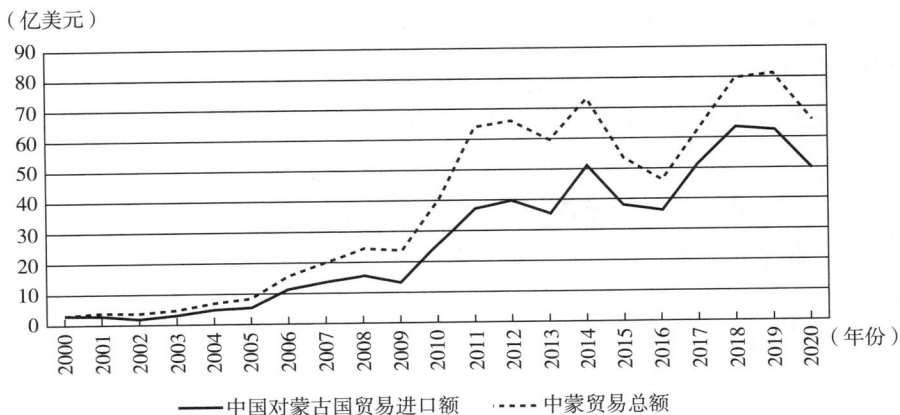

图 4-2　中国对蒙古国进口规模与中蒙双边贸易概况

资料来源：国家统计局。

同时，也可以看出，在 2008 年、2012 年、2014~2016 年和 2019 年均有回落，因此中国对蒙古国的直接投资具有一定的波动性。造成这种情况的原因有两个：一是国际市场上产品形势以及矿产品价格的变化；二是蒙古国国内本身政策和法律的变化，特别是有关矿产法律的多变性。尽管中国对蒙古国的直接投资有一定的波动，但是整体上呈增长趋势，我们认为在宏观层面上，一方面，中国对蒙古国的直接投资增长会促进中蒙经贸合作适切性人才在总量与质量需求上的增加；另一方面，基于中国对蒙古国的直接投资的特点，对中蒙经贸合作人才在结构上也会产生一定的影响。

4.1.1.2　中蒙双边贸易对中蒙经贸合作适切性人才需求的影响

国际贸易对拉动中国经济增长及提高就业率方面都有影响。林毅夫和李永军（2001）选取中国 1981~2000 年的贸易数据与 GDP 进行了量化研究，指出对外贸易可以拉动中国经济增长。乔麟和王礼力（2009）对 1980~2005 年的数据进行了分析，认为在短期内相比于出口贸易，进口贸易对经济的拉动作用更大。

从国内进出口总额来看，2015~2020 年中国货物进出口总额整体呈先下降后上升的变化趋势，从 2017 年开始货物进出口总额回升，到 2020 年货物进出口总值达到了 32.22 万亿元，同比增长 2.09%。其中，货物出口额为 17.93 万亿元，增长了 4%；货物进口为 14.29 万亿元，下降了 3%；贸易顺差为 3.6 万亿元，增长了 24.1%。[①] 从进出口货运量来看，2015~2020 年中国进出口总额波动增长，2019 年的进出口货运量达到了 45.8 亿吨，同比增长了 2.8%，到 2020 年国内进出口货运量达到 49.1 亿吨，同比增长 7.3%。2020 年，我国有进出口实绩的外贸企业为 53.1 万家，增加了 6.2%。其中，民营企业进出口额为 14.98 万亿元，增长了 11.1%，占我国外贸总值的 46.6%，比 2019 年提升了 3.9 个百分点，第一大外贸主体地位更加巩固，成为稳外贸的重要力量；外商投资企业进出口额为 12.44 万亿元，占进出口总额 38.7%；国有企业进出口 4.61 万亿元，占进出口总额 14.3%。[②] 进出口贸易增加的主要原因是我国产业结构的调整，从农业转到工业，使我国的就业机会大大增加，激发了对劳动力资源的需求和结构的转变。此

---

①　数据来源于《中国统计年鉴》（2021）。
②　数料来源于中华人民共和国商务部的《2020 年中国进出口规模创历史新高》。

外，国际贸易也推动了就业，为对外贸易相关人才提供了就业岗位，根据高校统计，2009 年，从事对外贸易工作的人员达到了 13000 万人，到了 2014 年，这一人数又增加了 1000 万。

中蒙两国的双边贸易具有以下特点：一是要素结构高度互补，蒙古国以资源出口为主，而中国以轻工业出口为主。在资源方面，蒙古国占据着得天独厚的优势，自然资源包括森林资源、动物资源和各类矿产资源，被誉为"人类 21 世纪的自然资源宝库"。蒙古国海关总局的数据显示，2018 年蒙古国向中国出口了 2957.23 万吨煤，占出口总额的 95% 以上；2019 年蒙古国向中国出口了 3502.96 万吨煤，占出口总额的 95% 以上；2020 年上半年，虽然受到新冠肺炎疫情的影响，但蒙古国矿产出口的方向大多是中国。二是双边贸易依存度不平衡。据 2014 年统计，中国对蒙古国的出口依存度为 0.02%，蒙古国对中国的出口依存度为 41.6%；中国对蒙古国的进口依存度为 0.05%，蒙古国对中国的进口依存度为 18.1%。截至 2020 年，蒙古国对中国的出口依存度为 57.37%，中国对蒙古国的出口依存度为 0.01%；蒙古国对中国的进口依存度为 38.1%，中国对蒙古国的进口依存度为 0.03%。显然，蒙古国对中国市场的依赖程度更高，这是因为中国具有巨大的经济体量和对外贸易优势。同时，中国对外贸易合作伙伴遍布全球，交易主体高度分散，对外贸易的依存度较低，更易规避贸易风险。以上分析表明，中蒙两国产品供求匹配程度较高，并且存在一种不对称的、相互依赖的贸易关系。基于学者的研究结论，中国对蒙古国的对外贸易一定会提高对适切性人才的需求。

4.1.1.3　经济增长对中蒙经贸合作适切性人才需求的影响

一直以来，经济增长和就业之间的关系都受到了经济学家的关注，尽管各个经济学派对就业内涵的理解存在差异，但是在就业与经济增长的关系方面达成了共识，认为就业与经济增长在一定的经济周期内保持相同的变化趋势，并且两者是相互依赖、互相影响的。早期的西方学者认为，经济增长和就业之间的关系是密不可分的，在资本主义社会中，当经济增长率达到一定水平时，劳动力市场将达到充分就业。古典学派认为，劳动生产力的提高会增加社会财富。其中，以亚当·斯密为代表的学者认为，国家经济增长的原因是社会劳动力增加和社会部门分工，分工越细，提供的就业机会则越多，从而提高整个社会的劳动生产率。同时，凯恩斯的非自愿性失业理论也认同此观点，认为经济增长对拉动就业有显著的作用。新古典学派认为，虽然以"自动平衡"为主要观点，但他们利用了生产函数模型证实了就业与经济增长具有正相关关系，其中最有名的就是索洛模型和奥肯定律。之后，以弗里德曼为代表的货币主义学派认为，要解决失业问题不能通过过分的市场干预，而应该由市场自动调节来解决。目前，我国经济一直保持着平稳增长，我国的就业形势总体上也随之稳定增长。尽管在 2008 年金融危机之后我国的经济增长趋势放缓，但总体上保持增长态势。2018 年，蒙古国政府提出了"三个支柱发展政策"，逐渐改变经济单一的状况，并且蒙古国借助中国"一带一路"倡议和"草原之路"战略的对接，实现基础设施建设的互联互通，蒙古国经济开始复苏，并且逐渐进入稳定增长期。随着"一带一路"倡议的深入推进，中蒙两国的经济呈现持续、稳定的增长态势，进而带动就业率的提升，所以对中蒙经贸合作适切性人才的需求也会相应地提高。

魏巧琴和杨大楷（2003）认为，对外直接投资与经济增长之间的关系并不明显，随着对外直接投资的进一步发展，两者之间的关系会加强。冯彩和蔡则祥（2012）从区域差异的角度研究了对外直接投资与经济增长之间的关系，认为我国中东部地区经济增长与对外直接投资存在长期的均衡关系，而西部地区则不同。刘韵妍（2010）基于 1985~2007 年的数据分析发现，对外直接投资与经济增长之间是相互促进的关系。胡虎子（2011）通过省际面板数据也验证了这一观点，认为我国国际贸易和对外直接投资可以明显地促进经济增长，反过来，经济增长又会促进国际贸易和对外直接投资，但是这种作用因区域不同而存在差异。

基于以上学者的研究结论，经济增长与对外直接投资和双边贸易之间具有一定的相互促进作用，这种相互促进作用是极其复杂的，并且因区域不同而存在差异。经济增长的就业效应分为吸纳效应和挤出效应，提高吸纳就业效应，优化调整挤出效应，促进就业的合理增长，是共同努力的目标。内蒙古作为边疆少数民族地区，其经济体量与影响相较全国是十分有限的，从而对中蒙两国之间的直接投资与双边贸易的影响也是十分有限的，这样可以最大限度地避免变量之间的多重共线性。基于经济增长与就业效应之间的复杂关系，同时兼顾本书特定的区域背景和民族特色，因此本书将内蒙古地区生产总值作为对经济增长的考量，内蒙古地区生产总值如表 4-1 所示。

表 4-1　内蒙古地区生产总值　　　　　　单位：亿元

年份	地区生产总值	年份	地区生产总值	年份	地区生产总值
2000	1539	2007	6423	2014	17770
2001	1741	2008	8496	2015	17832
2002	1941	2009	9740	2016	18128
2003	2388	2010	11672	2017	16096
2004	3041	2011	14360	2018	16141
2005	3905	2012	15881	2019	17213
2006	4944	2013	16917	2020	17360

资料来源：《内蒙古统计年鉴》。

4.1.1.4　中蒙经贸合作带来的制度因素的影响

中蒙经济走廊是"一带一路"倡议沿线首条规划合作的多边经济带，是中蒙拓展和深化合作的重要通道。

2014 年，中蒙两国签署了《中华人民共和国和蒙古国关于建立和发展全面战略伙伴关系的联合宣言》，习近平发表了演讲，并且在 2014 年 9 月出席中国、俄罗斯、蒙古国三国元首会晤时，提出建设中蒙俄经济走廊。

2015 年 7 月 9 日，中国、俄罗斯、蒙古国三方签署了《关于编制建设中蒙俄经济走廊规划纲要的谅解备忘录》，对开展全面合作表达了积极态度，达成了深化合作的共识，共同推进了中蒙俄经济走廊深入建设。

2016 年 6 月 23 日，中国、俄罗斯、蒙古国三国元首在乌兹别克斯坦塔什干签署了《建设中蒙俄经济走廊规划纲要》，加强在基础交通设施、口岸建设、产能、投资、经贸、人文、生态环保等领域的合作。

2017 年 10 月，蒙古国新政府宣告正式组建。自蒙古国新政府成立以来，在推动中蒙关系上展现出积极姿态，加强高层对接，积极对接"丝绸之路经济带"与"草原之路"倡议，开展各方面的文化交流，巩固两国关系的政治基础，共同推动中蒙经济走廊的建设。

2018 年 6 月 9 日，在第四次中国、俄罗斯、蒙古国三国元首会晤上，三国元首就三方合作的进度和成效进行了总结，并且制定了接下来的合作重点和方向。习近平提出要落实《建设中蒙俄经济走廊规划纲要》，带动全面合作，推动中蒙俄经济走廊建设，加强基础设施互联互通，推进区域合作。

2019 年 4 月 24～28 日，蒙古国总统巴特图勒嘎对华进行国事访问并出席了第二届"一带一路"国际合作高峰论坛，习近平同其举行会谈，双方同意努力构筑符合时代要求的中蒙关系，推动两国关系不断迈上新台阶。同年 6 月 14 日，习近平在比什凯克同俄罗斯总统普京、蒙古国总统巴特图勒嘎举行了中国、俄罗斯、蒙古国三国元首第五次会晤。三国元首总结了三方合作成果，共商全面推进合作大计。

2020 年 2 月 27 日，蒙古国总统巴特图勒嘎再次访华，代表蒙古国强调在新冠肺炎疫情期间同中国保持全面战略合作关系，与中国同舟共济、共克时艰。同年 7 月 3 日，中蒙开通新冠肺炎疫情期间边境"绿色通道"，加深了中蒙经贸合作进程。

我国自实施"走出去"战略以来，取得了巨大的成就，在对外贸易和对外投资方面取得了进展。随着"一带一路"倡议的实施，中国未来的发展前景更加令人瞩目，而中蒙经济走廊作为"一带一路"倡议下的区域性尝试，对于促进中蒙两国的双边贸易和对外投资进行了更多利好的制度设计，进一步促进了经济发展。

（1）制度环境对中国对蒙古国直接投资的影响。

制度包括正式制度与非正式制度，学者研究表明，制度环境对企业国际化行为有非常显著的影响。对外直接投资的前提是制度环境，因为良好的制度环境一方面会提高生产率，另一方面会减少投资方的阻碍，因此良好的制度环境很容易吸引投资者。恶劣的制度环境会导致投资成本的增加，阻碍投资企业的发展，不利于吸引投资者。此外，制度的不确定性会导致投资者的沉没成本增加，如政府效率低下、政策的不稳定性、法律体系的不完善及产权保护不健全等。因此，良好的制度环境更利于企业的国际化进程，即投资者更倾向于投资那些制度环境良好的国家的产业。

国有企业一直承担着我国对外投资的主体，截至 2014 年底，中方在蒙古国开展直接投资的公司排名中前八位都是大型国有企业，而且均以能源和矿产资源投资为主。一方面，国有企业的经济行为更能够体现政府的战略发展规划；另一方面，国有企业的投资行为也更易获得政府各项优惠政策的支持。中国对蒙古国的直接投资关乎国家的能源和矿产资源的战略布局，因此更易获得政府补贴、优惠贷款及优先审批等便利。这使得中国企业在对蒙古国进行直接投资时，由于各种优惠制度，可以抵消蒙古国由于经济环境不稳定等不利因素而带来的各种投资成本和风险。

发展中国家企业在实现国际化的进程中通常选择与本国环境相似的国家或地区作为被投资国，以此降低交易成本。学者把被投资国的社会网络体系作为一种独特的所有权优势，即关系资产。长期以来中国对外直接投资的实践也证明，中国企业相当比重的对外投资会流向印度尼西亚、马来西亚等国家和地区。因此，鉴于企业海外关系资源对对外投资的重要价值，可以得出中国对蒙古国的投资相较于其他国家，具有更强的资源整合的内部优势。尤其是随着中蒙经济走廊的推进，两国关系日益融洽，经济往来密切，民众交流频繁，中国对蒙古国的对外投资更具优势。

作为发展中国家，中国的对外直接投资的方向偏向资源，这种资源不仅包括煤炭、石油及矿产等自然资源，还包括先进的技术、营销与管理方法。资源基础理论对对外直接投资的解释有两点：一是企业对外投资在有限的资源和能力下，实现利益最大化；二是企业获得的资产既包括自然资源资产又包括战略性资产。随着中国经济的发展，中国对能源和资源的需求量逐年增加，中国现在已经成为能源和矿产的进口大国，中国与蒙古国的资源互补造成了特殊的投资结构。基于中国对蒙古国对外直接投资的特点，即中国对蒙古国的对外直接投资以资源型为主，中蒙经济走廊的建设对于中国企业"走进"蒙古国是一个非常重大的机遇，表现为较低的关税、更加快捷的交易进程，以及更低的交易费用和风险。

（2）制度环境对中蒙两国双边贸易的影响。

郭苏文和黄汉民（2011）认为，对外贸易受制度环境的影响，主要表现在金融深化、对外开放及城市化率正向影响对外贸易，相反，管制会对对外贸易产生负面影响。杨秋菊和邓小华（2015）从交易费用的角度出发，认为制度环境会对对外贸易的交易费用产生影响，良好的制度环境会降低对外贸易的交易费用，相反，低质量的制度环境会提高对外贸易的交易费用。张杰等（2009）认为，金融发展和合约实施这两种制度因素会对一国的对外贸易产生影响。陈田和周海飞（2016）从法治的角度分析了"一带一路"沿线国家和地区的法治水平对对外贸易的影响，得出中国与欧洲国家的对外贸易受制度环境的影响不同，他们还研究了基础设施对对外贸易的影响。制度环境对对外贸易具有重要影响，中蒙经济走廊促进了中蒙两国的双边贸易，双方政府的积极政策支持和明晰的产权制度创造出了更积极的制度环境。双边贸易交易费用的降低，对稳固我国在经济贸易中的地位具有积极的作用。

（3）制度环境对区域经济发展的影响。

关于制度环境对区域经济发展的影响的研究一直是学者关注的焦点。胡晓珍等（2010）将制度因素纳入效率评价模型，结果表明制度环境通过影响技术效率进而影响经济增长，这是造成区域经济发展差异的一个重要因素。雷钦礼（2017）研究了制度对经济的影响，其从资源配置效率和生产要素的技术效率两个方面来分析，得出了良好的制度环境会促进经济的增长的结论。良好的制度环境意味着更高效的资源配置效率、更低的交易成本、更少的政府干预、更健全的知识产权和法律保护。刘红娟、唐珊（2013）通过对综合制度及其五个子维度进行了实证检验，结果表明，综合制度变量能够促进区域经济的增长，但是贡献大小是有差异的，依次是东部地区、西部地区和中部地区，民营经济发展则在区域经济增长的差异中起着非常重要的作用。他们还认为，政府与市场关系对西部地区经济发展的影响更大，市场中介和法律环境的影响则并不显著。

制度环境对区域经济增长的影响，大多采用市场化指数进行度量，因此本书借鉴学者的研究，采用王小鲁等（2019）提出的"中国各地区市场化进程相对指数"，这一指标主要包括政府与市场的关系、非国有经济的发展、产品市场的发育程度、要素市场的发育程度及市场中介组织发育和法律制度环境。通过以上评价指标，以内蒙古作为样本，对制度环境进行了评价，如表4-2所示。

表4-2 内蒙古市场化进程相对指数

年份	市场化进程相对指数	年份	市场化进程相对指数	年份	市场化进程相对指数
2000	3.59	2007	5.91	2014	5.10
2001	3.53	2008	4.79	2015	5.34
2002	4.00	2009	4.82	2016	5.43
2003	4.39	2010	4.56	2017	4.87
2004	5.12	2011	4.68	2018	4.84
2005	5.26	2012	5.34	2019	4.83
2006	5.89	2013	5.33	2020	—

资料来源：王小鲁，樊纲，胡李鹏. 中国分省份市场化指数报告［M］. 北京：社会科学文献出版社，2019。

4.1.1.5 汇率的影响

对外直接投资的影响因素非常多，从宏观层面来看包括市场规模、税收水平、贸易条件及利率等，从微观层面来看包括生产技术、产品差异等。此外，一国的政治是否稳定、商业法规是否健全等也会对对外直接投资产生影响。除了上面的因素外，还应该考虑汇率对对外直接投资的影响。

如图 4-3 所示，人民币与蒙古图格里克的兑换比例在 2008~2013 年呈现巨大波动，而近几年兑换汇率逐年上涨。与此同时，2018 年 12 月，美元兑人民币的比率已超过 6.9 元，人民币在持续贬值。2020 年 12 月，人民币兑换美元比率为 6.5 元，人民币有所升值，可以看出整体波动幅度较大。同时，美元兑换蒙古图格里克的波动幅度也相当大，2008 年，1 美元兑换 1200 蒙古图格里克，2013 年，1 美元兑换 1700 多蒙古图格里克，2016 年，这一兑换比率已突破 1900，截至 2020 年 1 美元能够兑换 2651.29 蒙古图格里克，可见波动幅度非常大。这种汇率波动，尤其是中国和蒙古国之间还要通过美元进行兑换，增加了中国对蒙古国直接投资活动的不确定性，因此也增加了中国对蒙古国的投资风险。

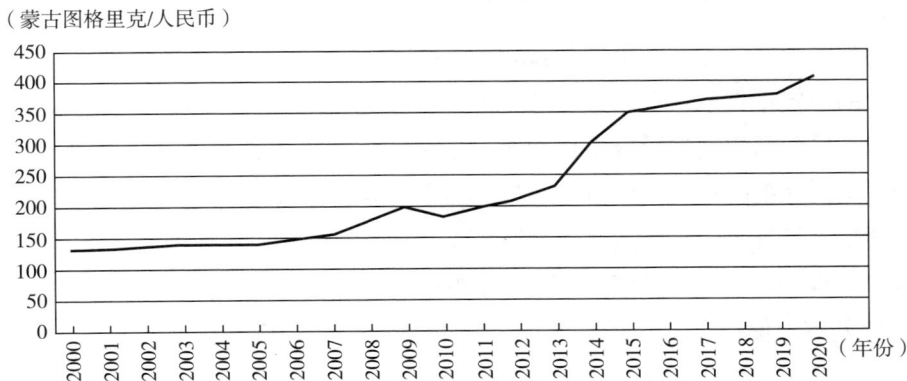

（蒙古图格里克/人民币）

图 4-3 蒙古图格里克与人民币兑换汇率

资料来源：国家统计局。

汇率波动的水平和幅度对对外直接投资产生不同的影响，下面对这两个方面进行详细阐释。

汇率水平的波动，即货币的升值或贬值。当一国货币升值时，投资者持有的本币的相对价值则相对下降，意味着东道国的产品及生产要素的实际价格相对上升，则东道国对外直接投资的流入量会下降；反之，当一国货币贬值时，投资者持有的本币的价值则相对升高，意味着东道国的产品及生产要素的实际价格相对下降，也就是说，投资国用相同的财富能购入东道国更多的资产，这势必会促进东道国对外投资的流入。在人民币与蒙古图格里克兑美元双双贬值的情形下，由于人民币与蒙古图格里克并没有实现直接兑换，还需要通过美元进行间接兑换，使中国与蒙古国之间的汇率波动情况变得更加复杂。据蒙古国银行指导汇率，2014 年 12 月，人民币兑换蒙古图格里克的汇率为 1∶304.3，蒙古图格里克相对贬值了 10.4%；2015 年 12 月，人民币兑换蒙古图格里克的汇率为 1∶309.34，蒙古图格里克相对贬值了 1.63%；2016 年 12 月，人民币兑换蒙古图格里克的汇率为 1∶358.73，蒙古图格里克相对贬值了 13.77%；2017 年 12 月，人民币兑换蒙古图格里克的汇率为 1∶369.0，蒙古图格里克相对贬值了 2.78%；2020 年 12 月，人民币兑换蒙古图格里克的汇率为 1∶407.89，蒙古图格里克相对贬值了 7.9%。自 2014 年以来，蒙古图格里克兑人民币一直处于相对贬值状态，其中 2014 年与 2016 年的相对贬值幅度较大，2019 年以后又出现了相对大幅度贬值的趋势，意味着中国相同投资金额在蒙古国能购入更多的产品，单从货币贬值和升值的视角考量，中国对蒙古国的直接投资是利好的。

大部分学者认为，汇率波动越剧烈，投资主体面临的风险就越大。当然，关于风险的界定不仅取决于客观事实，还取决于投资主体对风险的喜好与厌恶程度。对于风险回避型的投资主体而言，汇率波动越剧烈，越会降低其投资行为。对于风险偏好型的投资主体而言，其对汇率波动的容忍度更高，可能认为汇率的波动会带来投资机遇。当然，这种汇率波动对不同行业的影响也不尽相同。

2010 年以来，中国对蒙古国的对外直接投资总体呈上升趋势，2010 年和 2011 年基本上保持在 1 亿美元以上，2014 年达到了 2.05 亿美元，其他年份均超过了 3 亿美元，2013 年甚至达到了 3.5 亿美元的历史新高度。但部分年份出现了下降，如 2010 ~ 2011 年出现了连续下降，从 2005 年的 2.4 亿美元直接下降为 2010 年的 1.4 亿美元，再降至 2011 年的 1.1 亿美元。2015 年略有增长，但 2016 年又出现了一定程度的下降。但是，从整体态势上看，呈现出稳步上升的趋势。这也充分说明，中国对蒙古国的对外直接投资正在朝着良好的方向发展。同时，这一良好趋势也为中国未来在蒙古国的投资活动奠定了基础，增强了投资者的投资信心。相信随着中蒙经济走廊的发展，中国对蒙古国的投资活动会得到历史性的发展和突破。

对于汇率波动对中蒙双边贸易的影响，谷克鉴、余剑（2008）研究表明，汇率的波动会影响国际贸易流量的波动。同样，孙刚和焦克（2013）认为，人民币实际有效汇率对我国出口的促进作用大于对进口的抑制作用。因此，从总体上来看，人民币实际有效汇率对我国的贸易总额产生了积极的促进作用；从长期来看，人民币实际有效汇率的升值是不利于我国对外贸易增长的。

学者研究表明，中蒙两国间的关税差对中蒙贸易的影响并不显著：一是两国间贸易依存度高，中国是蒙古国最大的贸易伙伴，中国主要从蒙古国进口矿产品，中国对蒙古国的出口以轻工业产品为主，因此两国之间的关税差的影响可能被淡化。二是随着中蒙经济走廊建设的深入，两国的关税维持在较低的水平，不会对两国的双边贸易产生更大的影响。因此，本书将汇率波动作为控制变量，不再考察两国关税对其的影响。

4.1.1.6　实证检验及结果分析

（1）中蒙经贸合作适切性人才需求增长趋势分析。

基于现实情境与统计数据的双重考量，选取《内蒙古统计年鉴》中关于普通高等教育蒙古族学生作为参考指标，其中包括本/专科生和研究生两个统计条目，基于此，分别进行四期移动平均和三期移动平均，以此估算某一时间点的毕业生数量，并且将此作为中蒙经贸合作适切性人才供给总量，如表4-3所示。

选取以上样本和指标的原因如下：①高效教育的专业和课程体系设置逐渐与市场需求对接，高效招生同就业双向联动已成当前的发展趋势，尽管招生与就业之前存在时滞性，但总体能够反映中蒙经贸合作市场对适切性人才需求的变化趋势。②当今社会随着经济水平的发展对适切性人才需求日益迫切，尤其是高端人才，不仅表现为当前企事业单位招聘情况和毕业生就业情况，也表现为各高校针对培养对象未来就业适切性设置的专业和课程体系方面，如财经类专业人才，具体表现为各高校财经类专业种类的增加和课程体系的丰富及培养对象数量的增长。③随着中蒙经贸合作的日益深入，中蒙两国的经济发展都进入了转型阶段，中国的经济发展从高速增长阶段转向高质量发展阶段，其中提升核心竞争力是关键环节，国家大力号召企业加强技术创新，驱动经济高质量发展。因此，基于这样的现实情景，中蒙经贸合作对高质量适切性人才的需求显著增加，人才市场的需求往往反映在历年的招生计划上，尽管从招生到就业存

表4-3　中蒙经贸合作适切性人才供给　　　　　　单位：人

年份	普通高等教育蒙古族在校学生	普通高等教育蒙古族研究生	中蒙经贸合作适切性人才需求
2000	13534	436	2141
2001	24080	565	2168
2002	26883	921	5739
2003	35196	1118	5923
2004	45554	1603	7715
2005	52295	2130	10905
2006	57008	2755	12986
2007	71175	2936	13339
2008	86032	3382	16767
2009	87302	3703	22370
2010	87864	4020	22884
2011	88005	4055	23277
2012	91281	4447	22813
2013	93167	4481	24056
2014	93557	4602	24696
2015	95420	4587	24695
2016	98537	4508	25021
2017	101403	4907	25646

资料来源：笔者计算整理。

在一定的时滞性。④以中蒙经贸合作的关键性地区——内蒙古为例，内蒙古是蒙古族的主要聚居地区，多数高校的蒙古族培养对象都具备一定水平的蒙古语交流和写作能力。内蒙古地区对于蒙古族文化的保护和传播十分重视，并且取得了很好的效果，因此蒙古族与汉族的交融取得了很好的成效，高校的蒙古族培养对象具备了一定程度的中蒙适切性。普通高等教育的蒙古族学生尽管不能直接等同于中蒙经贸合作适切性人才，但是两者具有本质上的共性，也同样符合中蒙经贸合作的人才需求。基于上述分析，将普通高等教育蒙古族在校学生的供给作为参考是符合逻辑的。

（2）中蒙经济走廊对中蒙经贸合作适切性人才需求影响因素分析。

基于以上分析，本书构建了理论模型并进行了实证检验，依据样本数据特征，本书采用 Bootstrap 方法，对样本抽样 1000 次构建本书新的样本分布，以此降低犯 Ⅰ 类错误和犯 Ⅱ 类错误的可能性，依据新的样本集对理论模型进行实证检验。

对本书选取的变量进行描述性统计，由表 4-4 可知，控制变量汇率波动与因变量人才需求显著相关（r=0.816，p=0.000），作为自变量的中蒙国际化进展，中国对蒙古国对外直接投资与人才需求显著相关（r=0.520，p=0.027）；中蒙双边贸易与人才需求显著相关（r=0.897，p=0.000）；内蒙古地区生产总值与人才需求显著相关（r=0.952，p=0.000）；调节变量制度环境与人才需求显著相关（r=0.589，p=0.010）；控制变量汇率波动与中蒙国际化进展中的中国对蒙古国对外直接投资、中蒙双边贸易和内蒙古地区生产总值均呈现显著的相关性；调节变量制度环境与因变量人才需求显著相关，与自变量中国对蒙古国对外直接投资和内蒙古地区生产总值显著相关，而与中蒙双边贸易在新的样本集中并不呈现统计意义上的显著相关性。

表 4-4　变量描述与相关分析

变量名	平均值	标准差	1	2	3	4	5
人才需求	16285.610	8670.440					
汇率波动	205.010	79.360	0.816**				
直接投资	216.220	97.280	0.520*	0.507*			
对外双边贸易	3204.708	2589.050	0.897**	0.806**	0.515*		
内蒙古地区生产总值	9599.278	6488.385	0.952**	0.882**	0.539*	0.957**	
制度环境	4.926	0.702	0.589*	0.464	0.765**	0.455	0.506*

注：* 表示 p<0.1，** 表示 p<0.05。

资料来源：笔者整理。

理论模型的检验结果如表 4-5 所示。模型 1 主要检验控制变量汇率、中国对蒙古国对外直接投资、中蒙双边贸易、内蒙古地区生产总值对因变量适切性人才需求的影响，模型 1 显示内蒙古地区生产总值对因变量适切性人才需求有显著影响（b=1.727，p=0.004）。模型 2 主要检验调节变量制度环境对因变量适切性人才需求的影响，模型2整体显著，自变量中国对蒙古国对外直接投资对因变量适切性人才需求的作用显著（b=0.106，p=0.04）；中蒙双边贸易对适切性人才需求的作用显著（b=0.461，p=0.012）；内蒙古地区生产总值对因变量适切性人才需求的作用显著（b=1.368，p=0.000）；调节变量制度环境对中蒙双边贸易的调节作用显著（b=0.955，p=0.002）；调节变量制度环境对内蒙古地区生产总值的调节作用显著（b=1.368，p=0.000）。模型2的拟合情况较模型有了明显改善，因此加入调节变量制度环境后，模型的拟合度更优。

表4-5　理论模型检验结果

变量名称		模型1 主效应			模型2 调节效应		
		b	标准误	95%CI	b	标准误	95%CI
控制变量	汇率波动	-0.149	17.555	-128.758, 14.510	0.136	9.986	-66.957b, 48.361b
自变量	对外直接投资	0.017	8.644	-15.405, 17.516	0.106*	5.105	-24.216b, 11.548b
	中蒙双边贸易	-0.028	0.974	-4.992, 0.983	0.461**	0.494	-5.176b, -0.111b
	内蒙古地区生产总值	1.727**	0.490	0.827, 4.344	1.368***	0.248	0.935b, 3.802b
调节变量	制度环境				-0.171	1080.649	-5014.830b, 1291.773b
	对外直接投资				0.052	430.085	-1076.464b, 2436.094b
	中蒙双边贸易				0.955**	2108.204	-4092.307b, 20865.090b
	内蒙古地区生产总值				1.368***	2192.352	-22495.558b, 1747.446b
	R²	0.887***			0.982***		

注：＊表示p<0.1，＊＊表示p<0.05，＊＊＊表示p<0.01。

　　基于以上分析，本书认为从宏观层面来看中国应积极改善贸易制度环境，提高与贸易合作国的制度相似性，通过完善与别国开展贸易硬性设施条件等，为与他国开展贸易合作提供便利条件，以期推动我国外贸稳定发展。"中蒙经贸合作"作为新的时代契机，为中蒙两国的经济高质量发展提供了诸多机遇，但是通过两国间不断的关税减让带来的经济发展与稳定合作已经难以持续，伴随着长期的关税降低，其对中蒙双边贸易促进作用的局限性日益凸显，低关税策略越发难以维系双边贸易的稳定增长。尽管中国与蒙古国的双边合作不断加强与深入，但是两国间商务制度环境的差异也意味着需要通过政策协调、市场化改革、转型等途径和手段，缩小两国之间的制度环境差异，进而促进中蒙两国之间的经济合作朝着经济一体化的方向迈进。

4.1.2　中蒙经贸合作适切性人才需求的微观层次

随着中蒙两国经贸合作的不断加强，两国之间的企业贸易越发密切，两国的企业交流也不断加强，这些企业对中蒙经贸合作适切性人才有迫切的需求，因此培养中蒙经贸合作适切性人才是高校的重要责任。本书从企业层次对中蒙经贸合作适切性人才的需求情况进行具体调查，以期更好地指导中蒙经贸合作适切性人才的培养。

4.1.2.1　中蒙经贸合作适切性人才需求的文献梳理

（1）中蒙经贸合作人才的需求与培养相关文献梳理。

因此，结合中蒙经贸合作进入新阶段这一背景，下面基于前文的概念界定和文献综述，紧靠本书的理论基础，牢牢把握当前研究领域的空缺，从中蒙经贸合作适切性人才需求的宏观层次与微观层次和适切性人才供给方面出发，对中蒙经贸合作人才供求影响因素及其测度展开研究。由于内蒙古自治区作为国内蒙古族的主要聚居地，在文化方面，内蒙古自治区的蒙古族人才同蒙古国一样使用的是蒙古语（西里尔蒙古文）；在地理位置方面，蒙古国同内蒙古自治区接壤，因此内蒙古自治区是同蒙古国进行经贸合作的主要口岸。综上所述，本章的中蒙经贸合作适切性人才供求影响因素及其测度主要以内蒙古自治区人才培养为例。

目前来看，这些文献更多是从培养机制方面思考，鲜有文献从企业需求和人才特质两个视角进行研究。本书将从企业需求和人才特质两个视角去构建模型并分析中蒙经贸合作适切性人才的需求情况。

（2）胜任力模型文献梳理。

在"一带一路"倡议背景下，中蒙经贸合作不断加强。尤其是中蒙双方建立了方便往来的交通运输设施，合作领域也在不断拓宽，两国市场合作潜力巨大。在两国合作中，对于中蒙经贸合作适切性人才的需求非常迫切，这类人才需要精通两国语言，能够应用专业知识和技能，并且了解蒙古国的文化。两国合作领域的拓宽与深入意味着两国企业的合作与交流不断加强，那么企业所设置的岗位也就更加综合化、专业化。然而，我国高校对于中蒙经贸合作适切性人才的培养还存在着很多问题，其对学生的知识技能及素质方面的培养很难达到综合化的要求。因此，高校应该以社会和企业对人才要求为导向培养中蒙经贸合作适切性人才。

国内外关于胜任力的研究已经非常丰富，David McClelland（1973）最先提出了胜任力的概念，并且构建了冰山模型，经过研究，主要得出了两种模型，分别为冰山模型和洋葱模型。冰山模型即将胜任力模型结构看作冰山，被海平面分为两部分，其中海平面上方是表象特征，代表着后天获得的知识技能等；海平面下面部分是深层内在特质，代表着社会角色和特质等。冰山模型将胜任力分为六个层次，分别是技能、知识、社会角色、自我认知、特质、动机。在冰山模型的基础上，Richard Boyatzis 进一步研究提出了洋葱模型，将胜任力模型看作洋葱，层层包裹，其中"洋葱心"是内质特征，代表着个人的动机，包括社会形象、个人价值、知识和技能。1980 年，随着研究的不断深入，Mclagan 又将工作绩效和胜任力联系起来，为人力资源选拔人才提供了工具。

我国对胜任力模型的构建开始于 20 世纪末。王重鸣和陈民科（2002）以高层和中层管理者为研究对象构建了由管理技能和素质两个方面组成的胜任力模型。彭剑锋和荆小娟（2002）以一般管理人员为研究对象，构建了一般管理人员通用的胜任力模型。仲时勘、王继承和李超平（2002）以高层管理者为研究对象，为通信行业构建了胜任力模型。吴孟捷（2004）以中层管理者为研究对象，为我国销售人员构建了胜任力模型。陈万思（2005）以中层管理者为研究对象，为人力资源管理人员构建了胜任力模型。杨湘怡（2007）以中层管理者为研究对象，提出成本领先战略需要的胜任力包括具有成本意识、计划执行能力强等。

根据上述分析可知，近年来，我国学者构建的胜任力模型多种多样，可以应用到各个领域，目前我国学者比较认可的模型是冰山模型和洋葱模型。

因此，本书以社会和企业对人才的要求为导向，构建了中蒙经贸合作适切性人才胜任力模型，从新的视角为中蒙经贸合作适切性人才培养提供建议。

4.1.2.2　企业对中蒙经贸合作人才的需求

（1）国内企业的需求情况。

本书调查了 529 家国内企业对中蒙经贸合作适切性人才的需求情况。根据统计结果可知，对中蒙经贸合作适切性人才需求在 5 人以下的有 91 家，需求在 5~10 人的有 79 家，需求在 10 人以上的有 137 家，其余的企业不确定。在被调查的 529 家企业中，有一半以上对中蒙经贸合作适切性人才有明确的需求。

（2）蒙古国企业的需求情况。

本书调查了 277 家蒙古国企业对中蒙经贸合作适切性人才的需求情况。根据统计结果可知，对中蒙经贸合作适切性人才需求在 5 人以下的有 70 家，需求在 5~10 人的有 11 家，需求在 10 人以上的有 19 家，其余的企业不确定。在被调查的 277 家企业中，33% 的企业对中蒙经贸合作适切性人才有明确的需求。

从上面的数据分析可知，中蒙两国企业对于中蒙经贸合作适切性人才的需求不同，中国企业对其的需求更多。

4.1.2.3　中蒙经贸合作人才胜任力模型的构建

随着中蒙经贸合作的不断加强，两国企业之间的交流更加深入，这对于中蒙经贸合作人才素质和技能提出了更高的要求。本书以市场和企业需求为导向，以调查问卷的方式，设置了"企业需要引进什么样的人才""人才求职时面临什么问题""企业对现有人才的胜任度有什么样的评价"三个问题，以此来调查企业和市场的基本需求。

通过调查可知，在引进人才类型方面，中国企业对专业型人才和创新型人才的需求更大，分别占 42.7% 和 25.1%。专业型人才主要是指某方面具有专业技术的人员。随着社会分工越来越细，企业更加需要掌握专业技术的专业型人才，因为，每个人的时间和精力都是有限的，专业型人才将更多的时间潜心研究该专业的知识和技能。专业型人才大大提高了企业的生产效率。企业通过不同岗位人员的合作，使资源得到最优配置。创新型人才就是具有创新精神和创新能力的人才。21 世纪是人才竞争的时代，具备高素质的创新型人才是当代企业迫切需要的人力资本，尤其是在多变的市场环境中，企业应该重视对人才创新能力的培养和引入创新型人才。调查结果如表 4-6 所示。

表 4-6　企业基本情况调查　　　　　　　　　单位:%

调查问题		中国	蒙古国
企业需要引进什么样的人才	专业型人才	42.7	30.1
	通用型人才	23.3	15.2
	创新型人才	25.1	19.2
	技能型人才	8.9	35.5
人才求职时面临什么问题	缺乏岗位专业知识	42.7	44.8
	对社会缺乏了解	37.6	15.2
	能力不足	19.7	40.0
企业对现有人才的胜任力有什么样的评价	不太胜任	11.3	20.7
	比较胜任	78.9	63.4
	非常胜任	9.8	15.9

资料来源：笔者通过调研收集。

与中国企业人才需求类型相比，蒙古国企业对技能型人才的需求最大，占比达到了 35.5%，其次是专业型人才。技能型人才是能将掌握的知识和技能运用到实践中的人才，一般是指生产线上的操作人员。基于蒙古国的情况可知，蒙古国矿产资源丰富，但这只能发展采矿业，然而要想拉动经济需要发展制造业，这就需要技能型人才，所以蒙古国企业对技能型人才的需求最大，尤其是发展蒙古国制造业的人力资源。

在求职者面临的问题上，中蒙两国企业均认为目前求职者所面临的主要问题是缺乏岗位专业知识，中国企业认为很多求职者对社会缺乏了解，而蒙古国企业认为很多求职者的能力不足。两国企业对人员的胜任力还是比较满意的，但是非常胜任的人员占比还是比较少，因此人员的胜任力还是不能完全满足企业发展要求的。

通过对以上三个方面的分析，本书认为中蒙经贸合作适切性人才必须具备专业知识、工作能力、职业能力等。除此之外，面临国际化的市场环境人才还应该具有较强的适应能力、团队合作能力、人际沟通能力、创新能力等，以更好地满足企业需求，这些特性构成了中蒙经贸合作适切性人才特有的胜任力特征，因此本书构建的中蒙经贸合作适切性人才胜任力模型如图 4-4 所示。

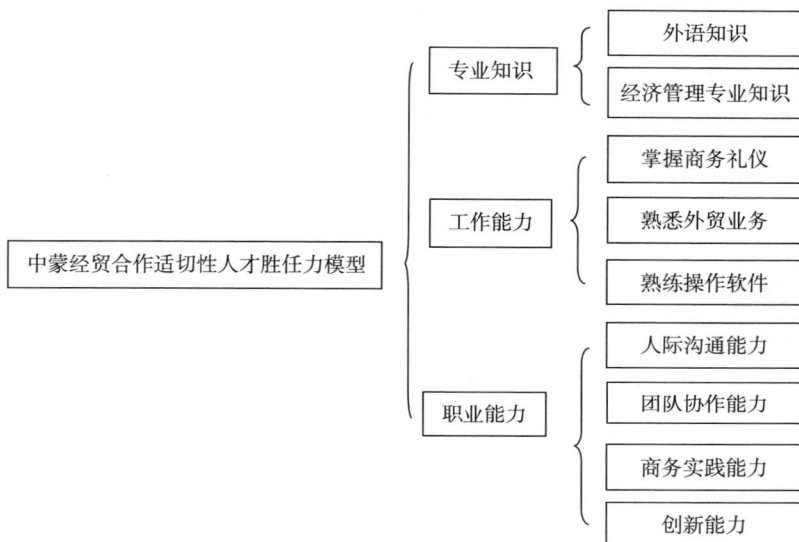

图 4-4 中蒙经贸合作适切性人才胜任力模型

资料来源：笔者绘制。

（1）专业知识。

中蒙经贸合作适切性人才要同时具备经济管理专业知识和外语知识。基于企业需求，本书进一步设计了关于"中蒙经贸合作适切性人才专业知识需求"的题项，其中包括"企业招聘人才的专业内容需求强度分析""企业近三年招聘的岗位"和"企业对招聘中蒙经贸合作适切性人才的语言需求"。企业招聘人才的专业内容需求强度的平均分如表 4-7 所示。

表 4-7 企业招聘人才的专业内容需求强度 单位：分

专业内容	计算机操作能力	蒙古语交际能力	英语交际能力	市场营销学专业知识	国际财务管理专业知识	管理学专业知识	国际贸易实务专业知识	国际商法专业知识
需求强度	3.75	3.68	3.60	3.38	3.34	3.32	3.29	3.19

资料来源：笔者收集。

此问卷题项采用李克特五级量表，5 分代表非常重要，4 分代表重要，3 分代表比较重要，2 分代表不重要，1 分代表非常不重要。通过对中蒙企业的调查发现，企业认为要招聘的中蒙经贸合作适切性人才最应具备的专业知识能力分别是计算机操作能力（3.75 分）、蒙古语交际能力（3.68 分）、英语交际能力（3.60 分）。由于计算机作为基本的办公用品，贯穿于企业运行的整个过程，所以熟练操作计算机是适切性人才最应具备的能力。蒙古语、英语也是中蒙经贸合作适切性人才需要掌握的。除此之外，企业对各类专业知识的需求强度均已超过中等水平，说明企业对学生的专业比较看重，只招聘符合专业要求的学生，这样既可以满足企业自身的要求，又可以实现学生的自我职业发展。

国际环境复杂多变，这就对中蒙经贸合作适切性人才的知识及其能力提出了更高的要求：一是需要中蒙经贸合作适切性人才利用专业知识、外语沟通能力及计算机操作能力在复杂的国际环境中做出专业的判断，优化企业资源配置，实现企业愿景；二是要求中蒙经贸合作适切性人才具备国际化视野，熟悉国际化财经工作处理规则。本书通过 SPSS 软件对企业招聘岗位需求及语言需求进行了多重响应分析，结果如表 4-8、表 4-9 所示。

表 4-8　2017~2019 年中国、蒙古国主要招聘的岗位

	分类	管理岗	营销岗	制造/技术岗	财务岗	其他
中国	计数（家）	274	215	184	199	135
	占样本中中国企业的百分比（%）	51.8	40.6	34.8	37.6	25.5
	占样本企业的百分比（%）	34.5	27.1	23.2	25.1	17.0
蒙古国	计数（家）	20	66	97	53	29
	占样本中蒙古国企业的百分比（%）	7.5	24.9	36.6	20.0	10.9
	占样本企业的百分比（%）	2.5	8.3	12.2	6.7	3.7
总计	计数（家）	294	281	281	252	164
	占样本总数的百分比（%）	37.0	35.4	35.4	31.8	20.7

资料来源：笔者收集。

表 4-9　中国、蒙古国对招聘中蒙经贸合作适切性人才的语言种类需求

分类		英语	蒙古语	汉语	其他
中国	计数（家）	287	339	386	64
	占样本中中国企业的百分比（%）	54.3	64.1	73.0	12.1
	占样本企业的百分比（%）	35.7	42.1	48.0	8.0
蒙古国	计数（家）	211	85	135	26
	占样本中蒙古国企业的百分比（%）	76.4	30.8	48.9	9.4
	占样本企业的百分比（%）	26.2	10.6	16.8	3.2
总计	计数（家）	498	424	521	90
	占样本总数的百分比（%）	61.9	52.7	64.7	11.2

资料来源：笔者收集。

国内被调查企业在 2017～2019 年中招聘最多的前四位岗位分别是管理岗、营销岗、财务岗、制造/技术岗，其中管理岗占比为 51.8%，营销岗占比为 40.6%，财务岗占比为 37.6%，制造/技术岗占比为 34.8%。蒙古国企业招聘了大量的制造/技术人才，其次是营销岗和财务岗，制造/技术岗占比为 36.6%，营销岗占比为 24.9%，财务岗占比为 20.0%，管理岗占比为 7.5%。

通过表 4-9 可以看出，我国企业对招聘人员的语言需求如下：64.1% 的企业要求掌握蒙古语，54.3% 的企业要求掌握英语。相比之下，76.4% 的蒙古国的企业要求掌握英语，48.9% 的蒙古国企业要求掌握汉语，30.8% 的蒙古国企业要求掌握蒙古语。

近年来，我国与世界各国的交流互动不断增多，程度由浅至深。企业业务的国际化也受到了广泛的关注。由此，适切性人才掌握外语对于国际化合作的开展是必不可少的，其可以帮助企业收集到有利的国际信息，从而对国际趋势进行准确的预测。因此，中蒙两国应培养精通汉语和蒙古语的专业人才为中蒙经贸合作打下基础。

（2）工作能力。

为分析适切性人才工作能力的各项特征，本书对招收中蒙经贸合作适切性人才的多家企业进行了调查，研究各企业对这些人才所拥有的工作经历的相关要求。调查显示，在 529 家中国企业中，有 323 家企业认为要招收的中蒙经贸合作适切性人才应有一年以上的工作经历，277 家蒙古国企业中有 176 家企业有着同样的想法。

蒙古国企业对各类岗位的具体要求如图 4-5 所示。

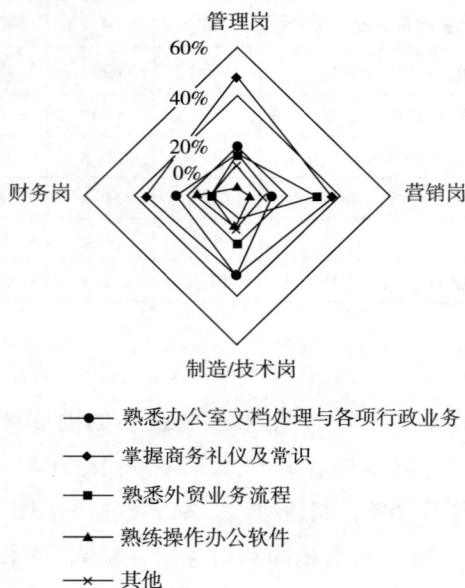

图 4-5　蒙古国企业岗位具体需求分析

资料来源：笔者收集。

调查发现，国内企业认为所招收的各类人才最应该具备"熟悉办公室文档处理与各项行政业务"的能力，除了营销岗，其他岗位对招聘人员"熟练操作办公软件"的能力要求较高，而营销岗对招聘人才"掌握商务礼仪及常识"的能力要求较高。重视"熟练操作办公软件"能力的原因是随着现代化技术的不断发展，"熟练操作办公软件"能够优化工作人员的工作质量、减轻工作人员负担、节约时间成本。而对商务礼仪的掌握可以帮助员工更加轻松地处理各项人际交流，并且可以树立良好的企业形象，提升企业效益。

（3）职业能力。

本书对"企业招聘人员最看重什么方面"进行了调查，调查结果如图 4-6 所示。

第一印象，5%

实践经验，33%

道德素质，29%

学历，21%

职业资格证书，12%

（a）中国企业最看重的方面

第一印象，9%

实践经验，32%

道德素质，39%

学历，8%

职业资格证书，12%

（b）蒙古国企业最看重的方面

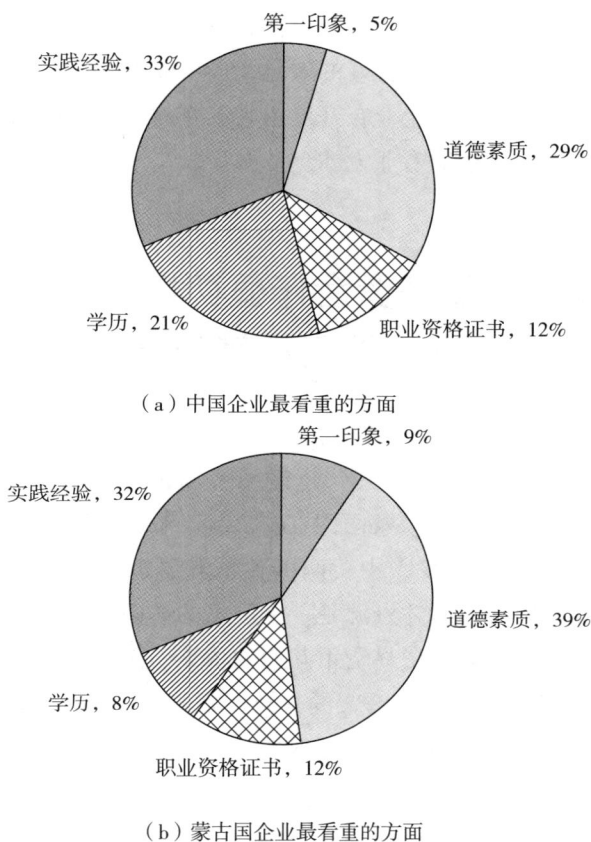

图 4-6　中国、蒙古国企业招聘中蒙经贸合作适切性人才最看重的方面

资料来源：笔者收集整理。

由图 4-6 可知，33% 的中国企业最看重招聘人员的实践经验，29% 的企业最看重招聘人员的道德素质，招聘人员的学历、拥有的职业资格证书和企业对招聘人员的第一印象也是企业看重的方面。39% 的蒙古国企业最看重招聘人员的道德素质，32% 的企业认为招聘人员的实践经验最重要。

中蒙两国企业对招聘人员的实践经验给予了高度的重视，并且将人员的道德素质作为与能力同等重要的考量因素。造成这一现象的原因是对于企业特别是注重利益的中小型企业来说，刚刚走出学校的毕业生的能力可能不足，需要长时间的培训，因此其不作为企业的首选，这就造成了当前企业不愿招收应届毕业生的现象。除了实践经验外，招收人员的道德素质对企业来讲也是重要的考量因素，企业若想长久发展，所招收的人员就必须拥有良好的道德素养；否则，道德素质低下的员工不仅难以给企业带来良好的效益，还可能对企业形象、未来的发展等造成巨大的损害。所以，现代企业在开展招聘工作时，要以德为要求，在应聘人员满足道德标准的基础上选取专业人才。

4.2　中蒙经贸合作适切性人才供给影响因素及其测度

中蒙经贸合作随着"一带一路"建设的不断加深，蒙古国与中国在经济、文化领域开展了大量的合作，中蒙两国在 2021 年前 6 个月的总贸易额已经达到 40 多亿美元，同比增长 74.5%，中蒙两国关系发展迅速，经济贸易关系也越来越密切。在信息科技时代，人才资源是一个国家的核心竞争力，语言是各国之间交流、政策互通、设施互通及贸易货币互通的桥梁。因此，要有效推进中蒙经贸合作，实现中蒙经贸大合作、大繁荣的景象，需要大量的"中蒙贸易"相关专业人才作为强有力的人力资本支撑。近些年，中蒙经贸金额虽然每年都有所增长，但是增速逐渐放缓，我们更需要一批能够根据现有信息，进一步推动中蒙经贸合作的适切性人才，从而在一定程度上满足"一带一路"倡议对人才的需求。不难发现，随着中蒙经贸合作的加深和推进，对中蒙经贸合作适切性人才的需求也会日益强烈。在"一带一路"建设的大前提下，高校作为培养专业人才的主体和培养国际化人才的平台，应该致力于培养具有专业素养、语言能力强、国际视野开阔且能够发现问题并解决问题的高素质适切性人才，为中蒙经贸合作深度推进提供人才资源保证。

虽然大多数学术研究者已经意识到了培养适切性人才的重要性及适切性人才供给存在的问题，但是具体到中蒙经贸合作适切性人才培养方面，无论是数量上还是质量上均较为薄弱。

随着中蒙经贸合作的不断加深，学术界对两国关系也展开了大量的研究，如毕奥南在 2013 年出版的《中蒙国家关系历史编年（1949—2009）》，通过梳理历史材料，总结了中蒙两国 60 年的历史进展，为之后的相关研究打下了基础。2015 年，中国内蒙古自治区社会科学院与蒙古国科学院、蒙古国立大学合作完成了《中蒙历史学研究》和《中蒙关系研究》的出版,其中《中蒙关系研究》针对"一带一路"建设,围绕着中蒙合作发展的可能性与前景展开了探讨。我国学者钟建(2018)分析了中蒙教育合作交流现状并指出了其中的问题,提出了一系列处理措施。目前,关于中蒙教育领域的合作与交流的研究比较多,而具体地针对蒙古国适切性人才培养研究的文献却比较少。

在中蒙经贸合作的大前提下,越来越多的高校开始走向国际化、面向世界,以国际视野和世界标准要求自身学校的建设,其中最重要的一点是关于国际化适切性人才的培养。国际化人才培养是衡量高水平大学的重要标志,高校作为培养国际化人才的平台,应该致力于培养具有国际视野的适切性人才,推动人才国际化,结合目前中蒙各高校的适切性人才培养现状,从培养规模、培养目标、培养结构及培养规格对其现状进行分析,围绕适切性人才的培养模式改革进行深入探讨,并且构建中蒙经贸合作适切性人才供给指标体系评价,对适切性人才的供给提出创新性研究和政策建议。

4.2.1　中蒙经贸合作适切性人才培养规模

随着"一带一路"倡议的实施,中蒙经贸合作进入了一个全新的阶段。伴随着合作的加深,对中蒙经贸合作适切性人才的需求也在不断加大,人才培养规模的变化不仅体现了学科专业结构的变化,也体现了国家对中蒙经贸合作适切性人才多元需求的变化。中蒙经贸合作适切性人才的有效供给在一定程度上可以减缓人才危机,推进中蒙经贸合作进程,虽然国家已经加大扶持双语人才的培养力度,但中蒙经贸合作适切性人才供给仍然不足且部分人才存在能力过低等问题,所以精通汉语和蒙古语的适切性人才还远远不能满足市场需求。本书将通过对中蒙两国的中蒙经贸合作适切性人才培养规模进行分析,了解两国适切性人才培养规模的现状和特点等。

4.2.1.1　中国:中蒙经贸合作适切性人才培养规模

人才培养规模主要是指人才的培养数量,中蒙经贸合作适切性人才培养规模主要是精通汉语和蒙古语、具有国际视野、能够发现问题并解决问题的人才数量,人才规模数量的扩张与增长展示了该领域快速发展趋势。人才的培养规模应与社会对专业人才的需求量相契合,这样才能保证人才的及时供给,避免出现人才断层的情况。

中蒙两国的教育交流进一步推动了中国向国际舞台的迈进，根据本次问卷调查统计，我国对中蒙经贸合作适切性人才的培养主要集中于内蒙古地区的高等院校，如内蒙古师范大学、内蒙古农业大学、内蒙古财经大学、内蒙古大学等，涉及的专业包括旅游管理、会计、财务管理、法学等，所以本书关于中蒙经贸合作适切性人才规模的分析对象主要为内蒙古地区的高校。

4.2.1.2　蒙古国：中蒙经贸合作适切性人才培养规模

蒙古国和中国自 1949 年正式建交以来，历经时代变迁，持续发展双边合作与交流。中蒙已建立全面战略伙伴关系，不断拓展合作交流的方位和方向。近年来，随着两国贸易交流的扩增，人文交流日益密切，各领域合作持续推进，中蒙两国关系正处于最佳发展阶段，在中蒙关系进入全新时期的同时，两国不仅在经济上有深度合作，在教育上的交流也不断加深。

蒙古国高校如蒙古国立大学、蒙古科技大学、蒙古健康科学大学、蒙古国科布多大学、格文塔米尔学院、乌兰巴托大学、蒙古生命科学大学、蒙古新闻学院、蒙古环球领袖大学、蒙古农业大学等，在蒙古国都是较好的学校。国内高校如中国人民大学、山东大学、西北民族大学、中国药科大学等都与蒙古国高校展开了合作，促进了中蒙文化教育交流，为培养中蒙经贸合作适切性人才搭建了重要的平台，为社会和市场的国际化人才需求提供了保障。

蒙古国立大学孔子学院是蒙古国最大的孔子学院，是由蒙古国立大学和山东大学联合创建的，专业素养、能力教育和汉语言研究领域走在了前列，两次被评为"全球先进孔子学院"。该孔子学院通过不同的教学形式和汉语言教学方法教授汉语言。在经过十余年的奋斗，蒙古国立大学孔子学院享有了广泛的知名度，获得了信誉与赞誉，师资队伍不断壮大，教学水平不断提高并发展成为中蒙两国文化交流、人文合作、人民交往的国际平台。为满足各阶段汉语学习者的需要，学院开设了汉语教学，并进行初级、中级、高级汉语水平考试，并且出版了《我们知道的又不知道的中国：动感文化》，翻译出版了《中国经典文学选集》，其中包括《论语》《中庸》《孙子兵法》《礼记》等中国经典著作，还翻译出版了《当代汉语学习词典》（初、中、高）和《汉语 900 句》。

2010 年 11 月 1~17 日，蒙古国立大学副校长图木尔敖其尔呼雅格与蒙古国立大学外国语言文化学院教师参加了亚洲校长论坛，同广州大学签订了教育、科研领域合作协议。2010 年 12 月 20 日上午，蒙古国国立教育大学孔子课堂揭牌典礼仪式在蒙古国举行，该校校长与中国驻蒙古国大使共同参加了开幕式。这是全球 96 个国家（地区）中第 369 个孔子课堂。2016 年 11 月 25～30 日，内蒙古财经大学韩鹏等教授及研究生组成的代表团访问了蒙古国艾德大学，交流并推进了双方博士研究生培养方面的合作。

2017 年，蒙古国国立东方大学与内蒙古师范大学就建立蒙古国国立东方大学孔子学院的工作进行了探讨，签订了合作协议。双方对共建孔子学院、联合举办国际理论与实践研讨会、共同制定讲义、在学生交流及改进教学水平等进行了决策与计划。这一决策的执行对蒙古国汉语言教学领域及两国文化交流互鉴将是一次有效的推动。

蒙古国的中文教育主要分为三个阶段：第一阶段为 1957～1965 年。1957 年，蒙古国立大学首次成立了汉学系并招收了 14 名学生。当时，蒙古国第一批来华留学人员不仅对教学技能进行了学习，还开展了与汉语有关的研究工作，翻译了汉语言文学的学术研究成果。第二阶段为 1973～1997 年。1973 年，蒙古国立大学恢复中文教学，同时选拔了一批语言系蒙古语专业学生教授汉语，1975 年汉语班正式开班。此后，汉语教学逐步发展，学生规模不断扩大，师资队伍建设持续得到加强，教学水平提升效果显著。直到 1993 年，蒙古国立大学正式成立了中文系，蒙古国国立师范学院（现为蒙古国国立教育大学）、高等教育学院（现为蒙古国人文大学）等高校相继开展了汉语言文学的学习。中国政府向蒙古国各高校派遣了汉语言文学领域的专家、学者，赠送了汉语言教科书、历史书和参考书，支持蒙古国的汉语教学工作。第三阶段为 1998 年至今。中蒙双方于 1998 年共同通过了《中华人民共和国和蒙古国政府关于相互承认学历、学位证书的协定》，使蒙古国的汉语教学工作迈上了新的台阶。近年来，由于学习汉语的学生规模显著增加，教师队伍不断强大，汉语辅导书籍及科技装备逐步完善，教学水平得到了持续提升，蒙古国的汉语教学工作自 1998 年签署协定以来进入了黄金时期。

蒙古国汉语言学习能够有如此巨大的进步是因为近年来我国国际地位的提升、国家话语权的把握、国际影响力的增强，使中蒙关系得到了进一步的发展。同时，近年来，一些相关部门大力支持汉语教学工作，开始与中国高校开展交流与合作。首先，学习汉语专业在就业方面具有优势。2012～2021 年，在与蒙古国的贸易协作和投资交流中，中国成为其中最具规模的国家，当前蒙古国有 5000 多家中蒙合资企业，对汉语言文学领域的人才有很大的需求。其次，中国政府的高度重视与支持。为支持蒙古国汉语教学工作，中国政府派出了专家和志愿者，并且在蒙古国立大学建立了孔子学院，为蒙古国国立师范大学孔子学堂及相关的汉语教学组织配备了汉语教科书、读物和技术设备。这些举措不仅提供了主要资源，还进一步推进了蒙古国汉语教学工作。最后，文化的魅力。蒙古国学生希望从各方面了解中国，而汉语就成为两国交流的主要桥梁。近年来，随着中蒙经济贸易、文化交流的不断推进，蒙古国人民学习汉语的需求日益增长。蒙古国表示希望中国政府能进一步为蒙古国汉语教学工作提供支持和帮助，以解决汉语、蒙古语老师的专业知识与自身能力不足的问题。此外，中蒙两国通过举办教育展览和高峰论坛，深化两国高校之间的交流与合作，进一步增进文化相通，使两国的合作迈上新的台阶。

截至 2019 年 7 月，蒙古国有 3 所孔子学院和 2 个独立孔子课堂，2018 年开设各类汉语课程 774 班次，注册学员达到 9764 人；举办各类文化活动 240 次，参与人数达 10 万余，成为当地人学习中文和了解中国的重要平台。2019 年 7 月 10 日，由中国驻蒙古国大使馆、蒙古国外交部和蒙古国—中国友协共同主办的中蒙建交 70 周年纪念大会暨"中蒙友好贡献奖"颁奖仪式在乌兰巴托举行。其米德策耶是蒙古国著名的翻译家，也是蒙古国立大学孔子学院蒙方的副院长。他孜孜不倦地致力于中国古典名著的翻译工作，陆续出版了译作《论语》《大学》《孙子兵法》和《中庸》等作品，两次获得蒙古国政府颁发的"金羽毛"翻译奖，由此可见，蒙古国人民学汉语的热情越来越高。

4.2.2 中蒙经贸合作适切性人才培养目标

4.2.2.1 中国：中蒙经贸合作适切性人才培养目标

随着中蒙经贸合作的加深，对适切性人才的需求也越来越迫切。培养人才是大学最根本的任务，但大学应该培养什么样的人才、怎样培养人才是一个亘古不变的教育问题，也是一个教育哲学命题。能否培养担当历史使命、促进社会发展和关注人类未来命运的高素质人才，是决定国家兴衰成败的关键。那么，什么是人才培养目标呢？从宏观角度来看，教育目的集中体现了社会普遍认可的价值取向。从微观角度来看，教育目的集中体现特定社会需求的具体的人才培养目标。培养目标是最基本和最核心的概念，培养目标不同，教育的形式、内容、方法和评价也不同。培养目标要遵循一定的教育理念，否则可能导致盲目教学，更谈不上规范、质量和评价。因此，人才培养目标至关重要，是一切教育活动的出发点和归宿。从逻辑角度来看，人才培养目标是先决性的，然后才涉及方式、方法、具体措施等具体内容。

在认识和实践过程中，由于各种原因，中蒙经贸合作适切性人才培养目标存在错位、越位和缺位现象，对中蒙经济合作人才供给产生了一定的影响。面对中蒙两国关系发展新形势，如何正确认识、构建和实施中蒙经贸合作适切性人才培养目标，是解决中蒙经贸合作适切性人才培养的关键问题。本书经过数据统计，列出了中国内蒙古部分高校经济管理专业的人才培养目标，如表 4-10 所示。

表 4-10　中蒙经贸合作适切性人才培养目标——内蒙古高校（部分高校的部分专业）

高校名称	专业名称	专业培养目标
内蒙古农业大学	农业经济管理	培养德、智、体、美全面发展，掌握经济学、管理学、农林经济管理等基础理论和专业知识，适应经济社会发展和相关行业企业对专业人才综合素质的较高需求，能在涉农企事业单位及政府部门从事经营管理、市场营销、金融财会、政策研究等工作，品德优良、基础宽厚、专业良好、实践技能较强，具有一定的解决实际问题能力和学术研究能力的复合型人才
	经济学	培养德、智、体、美全面发展，信念坚定、品德优良、具有高度社会责任感，经济学基础理论功底扎实、知识丰富，能够理论联系实际，了解中国国情，具有国际视野，具有较强的创新意识和应用实践能力，适应经济社会不断发展变化的人才需求，能在各教育科研机构、政府部门及企业单位从事经济学理论研究和经济管理实践工作的复合型人才
内蒙古大学	旅游管理（蒙古语授课）	主要培养具备现代旅游管理素质，掌握旅游学基础理论、专业知识与技能，拥有较扎实的历史文化底蕴，具有多种语言能力的复合型人才。要求能够胜任地区特色和民族特色的旅游资源开发与研究，从事与旅游文化业相关的管理、科研、教学及培训等工作
	经济学	培养学生具有较强的民族精神和社会责任感，信念坚定、品德优良，经济学基础理论功底深厚，熟悉经济学理论和经济学分析方法，达到一定的国际化水平的创新型人才
内蒙古师范大学	经济学（蒙古语授课）	培养具有扎实的经济学专业知识与应用能力的中蒙经贸合作复合型人才
	法学（蒙古语授课）	培养具有牢固的法学专业知识、良好的法律职业素养和法律职业技能、高质量法律服务能力的法律职业人才
	经济与金融（蒙古语授课）	培养具有扎实的经济学、金融学专业基础知识和基本理论，掌握经济与金融分析研究方法与专业技能，具备国际视野和创新创业能力的复合型人才

高校名称	专业名称	专业培养目标
内蒙古财经大学	金融学（蒙古语授课）	培养具有一定的外语基础、与中蒙经贸合作适切的，适应经济全球化与社会主义现代化建设需要，服务国家与地区经济社会发展，从事金融理论研究与实践工作的具有创新精神和实践能力的复合型和应用型人才
	财政学	培养适应新时代中国特色社会主义现代化建设需要，具有良好的思想政治素质和职业道德素养，进一步系统掌握经济学理论和方法，掌握公共财政基本理论，面向全国、侧重"六区"（西部地区、边疆地区、少数民族地区、环境脆弱地区、资源富集地区、经济增长潜力地区）的具有经济学和财政学理论素养的高层次人才
	会计学（蒙古语授课）	培养能用蒙古语、汉语在工商企业、金融企业、中介机构、事业单位、政府部门从事会计、审计实务工作，适应新时代中国特色社会主义现代化建设需要，服务国家与地区经济社会发展，具有良好的思想政治素质和职业道德素养，系统掌握管理学、经济学和会计学理论基础，善于运用相关理论和方法分析研究和解决会计领域的理论和实践问题，具有良好综合素质的从事会计理论研究及相关工作的高层次人才

资料来源：笔者收集整理。

由表4-10可知，内蒙古大部分高校的经济管理专业开设了蒙古语授课班，说明已经有了培养中蒙经贸合作适切性人才的意识，但是，从总体上来看，授课专业还是较少，仍处于起步阶段，专业培养目标同质化情况比较严重。很多专业都是按照同质人才培养目标来制定的，缺乏特色。对于人才培养而言，要明确中蒙经贸合作适切性人才的培养目标。适切性人才培养定位应树立大局观。人才培养要体现适切中蒙经贸合作的特色，能够为中蒙经贸合作贡献自己的一分力量。针对不同的专业，培养目标要体现地方特色和专业特色，要解决地方人才供给问题，精确定位人才培养目标。

4.2.2.2 蒙古国：中蒙经贸合作适切性人才培养目标

作为中蒙经贸合作的对象，蒙古国在相关人才培养方面同样也存在相似的问题，蒙古国高校的人才培养涉及中蒙两国合作与发展，在经济全球化的时代，离不开经济管理人才。近年来，中国对蒙古国各方面给予了人力、物力支持，为蒙古国培养适切性人才搭建了良好的平台，本书对蒙古国财经大学财务管理系的人才培养目标数据进行了整理，如表4-11所示。

表 4-11　中蒙经贸合作适切性人才培养目标——蒙古国财经大学（部分专业）

高校名称	专业名称	适切性人才培养目标
蒙古国财经大学	财务专业	培养具有扎实经济学基础，掌握财务管理基本知识和技能，熟悉财务管理工作流程，能够在企事业单位从事融资、投资、资源分配及资本运营工作的创新型、应用型高层次人才
	银行专业	培养在银行管理决策中对行为和资源的有效分配，做出精准投资组合，提供信贷计算意见，使用风险分析、相关会计统计及监督，在企事业单位使用经济学能力的人才

资料来源：笔者收集整理。

由表 4-11 可知，蒙古国的人才培养目标尽管构成与内涵非常丰富，对于指导和实现高素质创新人才培养目标、促进中蒙经贸合作具有非常重要的作用，但是事实上存在着"同质化、模式化、千篇一律"等突出问题。所谓"同质化"，即蒙古国人才培养的特色不够鲜明、教育思想观念较为滞后等，没有凸显培养中蒙经贸合作适切性人才的专业优势；所谓"模式化"，即蒙古国人才培养目标比较单一，如培养高层次的专业人才等，较少考虑学生的全面发展和社会需求等问题；所谓"千篇一律"，即蒙古国适切性人才的培养目标共性特征较多，差异化个性特征较少，因此需要我们重新审视，着力改革和突破。

4.2.3　中蒙经贸合作适切性人才培养结构

人才培养结构是在人才培养体系的大框架之中，各个要素彼此之间的相互关联关系及所涉及的比例关系。如图 4-7 所示，从宏观层面去分析，中蒙经贸合作适切性人才培养结构由专业结构、层次结构、空间结构、规模结构组成。如何通过改变中蒙经贸合作适切性人才培养结构解决中蒙两国经济发展人才需求与供给之间的矛盾，是中蒙两国高校面临的困境和挑战。从供给侧来看，传统的贸易人才已经不能满足中蒙两国经济贸易的需求。从需求侧来看，随着"一带一路"倡议的实施，对中蒙经贸合作适切性人才的需求不断扩大，意味着高校需要针对人才培养结构做出调整。

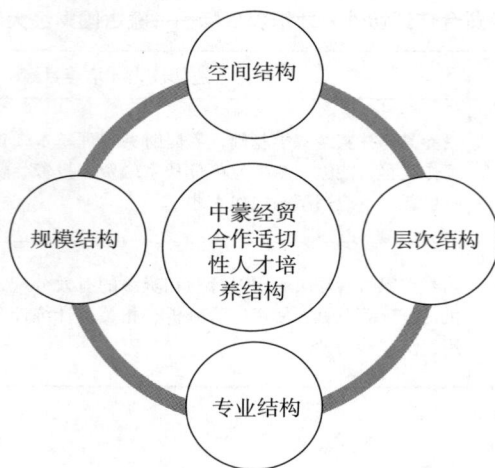

图4-7 中蒙经贸合作适切性人才培养结构

资料来源：笔者绘制。

4.2.3.1 专业结构

从现有数据来看，中蒙经贸合作将提高对适切性人才的需求。事实上，随着中蒙两国关系的发展，围绕中蒙经贸合作适切性人才培养的专业也在不断增加。内蒙古大部分高校开设了相关的汉语、蒙古语授课专业，其目的就是培养中蒙经贸合作适切性人才。从专业来看，中蒙经贸合作适切性人才的培养主要集中在经济专业、会计专业、法律专业和管理专业。蒙古国财经大学也有银行和财务管理等相关专业为适切性人才提供专业保障。随着中蒙经贸合作的展开，越来越多的中蒙企业对专业人才的需求结构发生了改变，高校作为培养人才的摇篮，如果不及时开展相应的调整修改，就会面临大量的问题。在中蒙贸易的不断深化和突破中，必然伴随着新型适切性人才的产生和落后人才的淘汰。面对这种情况，高校需要了解市场新需求，及时对专业培养计划、方式等进行有效的调整，不断地优化人才培养专业结构，这样才能在竞争市场中处于优势地位，不断地提升办学层次，为社会输送优质人才。

4.2.3.2 层次结构

在经济全球化时代下，当国家财政来源主要依靠经济与贸易的时候，适切性人才就是国家竞争力的核心驱动力，特别是随着中蒙两国贸易的加深，只有两国高校齐心协力地不断提升办学水平和更多地培养尖端适切性人才，才能更好地满足"一带一路"倡议带来的人力资源需求结构新变动。但是，现在中蒙两国的人才培养结构都存在同样的问题，那就是培养目标过于单一和同质化，没有准确地体现中蒙经贸合作人才培养的特色，特别是蒙古国各高校汉语人才的培养严重滞后。其原因是中蒙经贸合作适切性人才培养结构存在问题，如何通过调整专业课程结构层次来解决人才培养问题是中蒙两国高校需要思考的问题。从供给端来看，主要是因为随着两国贸易的推进，导致两国对适切性人才的需求规模加大，但是由于高校的人才培养结构层次还未能及时转变，所以两国培养了过多的同质化人才，造成同质化人才间出现恶性竞争，最终使毕业生就业困难。

4.2.3.3　规模结构

从中蒙两国的人才需求方面来说，对传统经贸人才的需求会在一定程度上减少，对中蒙经贸合作适切性人才的需求会在一定程度上增多。从目前现有市场供需状况来看，人才就业困难与中蒙经贸合作适切性人才紧缺现象同时存在，说明高校的人才供给结构存在一定的问题。随着中蒙合作的加深，中蒙适切性人才培养规模的结构也会发生改变。从规模结构的变化趋势上来看，中蒙经贸合作适切性人才培养规模是由社会需求所决定的。为了更适应国家政策带来的变化，两国高校需要及时调整人才供给结构，加大中蒙经贸合作适切性人才的培养力度。事实上，为了满足中蒙经贸合作的需求，中国和蒙古国高校已经做出了相应的结构调整：一方面，增加了汉语、蒙古语授课专业；另一方面，更加关注中蒙经贸合作适切性人才的培养，这在一定程度上缓解了中蒙经贸合作适切性人才紧缺的危机。

4.2.3.4　空间结构

中蒙经贸合作适切性人才培养的空间结构布局与人才供给高度相关，对中蒙经贸合作适切性人才供给起到了支撑作用。内蒙古是中蒙经贸合作适切性人才培养的重要地区，不仅自身具有独特的地理位置优势，而且对中蒙经贸合作适切性人才培养投入力度也较强，是中蒙经贸合作适切性人才供给的重要基地。远离蒙古国地区的高校对于中蒙经贸合作适切性人才培养相对落后，不仅在地理位置上存在劣势，而且存在教学困难。这种区域间失衡的中蒙经贸合作适切性人才空间结构格局，一方面会造成区域之间中蒙经贸合作适切性人才差距拉大；另一方面对人才数量供给也会存在阻碍。目前，我国正在大力推行"一带一路"和中蒙经济走廊建设，内蒙古肩负着重大的使命，如何通过中蒙经贸合作适切性人才培养的空间结构布局变革来推进相应人才培养工作的开展，是高校人才培养需要解决的问题。相应地，高校方面需要及时适应政策导向，以更好地服务中蒙经贸合作；当地的高校需要不断地提升自己的空间优势利用和统筹规划能力，打造内蒙古高等教育的优势地位。

4.2.4 中蒙经贸合作适切性人才培养规格

4.2.4.1 中国：中蒙经贸合作适切性人才培养规格

所谓人才培养规格指学校对接受教育的人才的质量要求与标准，即接受教育者在接受系列教育后能够达到的综合素质水平。能力要求对于高校来说是必不可少的，随着两国关系的加深，对中蒙经贸合作适切性人才的能力提出了更高的要求，本书经过数据收集，整理出了内蒙古部分高校人才培养的规格要求，如表4-12所示。

表4-12 内蒙古大学部分经济学和旅游管理学专业人才培养规格

	素质要求	能力要求	知识要求
内蒙古大学（经济学）	具有刻苦学习、团结协作、实事求是的科学精神，强烈的社会责任感和良好的职业道德素质	有较强的学习能力、写作能力、语言表达能力，能够阅读本专业的外文书籍、期刊	掌握马克思主义政治经济学的基本理论和方法，具有扎实的经济学专业基础，了解经济学的理论前沿和现代经济学领域的发展动态
内蒙古大学（旅游管理学）	具备开拓精神和创新潜力，具有适应社会变化和发展的基本能力，具有现代旅游从业人员应有的素质和能力	具备运用本学科及相关学科理论、方法和技能，分析、解决本专业相关问题的基本能力。有较强的多语种口头表达和文字表述能力，有一定的外语能力，能够查阅本专业的外文书刊和文献	掌握旅游管理、旅游经济学、民族学、人文地理学等相关学科基础理论、基本知识和技能。熟悉国家的旅游法规、方针政策和发展趋势

资料来源：《内蒙古大学人才培养方案》。

　　当前中蒙经贸合作适切性人才培养规格存在内容杂乱、缺乏统一性等问题。高等教育人才培养规格体现在三个方面，即素质要求、知识要求和能力要求。素质要求是高校对学生政治素养的基本要求，要求学生热爱党、拥护党，具备良好的思想品质和不怕困难的精神。知识要求包括专业知识和基础知识等，随着社会的精细化分工，越来越多的岗位需要专业化人才，所以高校作为社会人才需求的供给基地，需要更多地关注对专业知识的传授。

　　在人才培养规格上可以看出，内蒙古高校对人才的培养基本涵盖素质要求、能力要求和知识要求三个方面。学校的中蒙经贸合作适切性人才培养规格是依据人才培养目标确定的。对于人才培养规格的制定，既要考虑各方面的因素，也要突出重点。对于中蒙经贸合作适切性人才培养而言，能力要求是最需要突出的指标，其中又应以知识要求与素质要求为基础。但是，部分高校的中蒙经贸合作适切性人才培养规格要求定位不是很清晰，没有专门为中蒙经贸合作而培养的人才，导致一部分人才不符合市场的要求。

4.2.4.2　蒙古国：中蒙经贸合作适切性人才培养规格

　　由于蒙古国人才培养规格数据获取较为困难，本书选取蒙古国三所高校的课程设置来分析蒙古国高校适切性人才培养规格情况，部分蒙古国高校财经专业人才培养课程设置如表4-13所示。

表4-13　蒙古国部分高校本科会计学专业课程设置、学分及毕业最低总学分

学校名称	公共基础课	专业必修基础课	专业选修基础课	专业必修课	专业选修课	自由选修课	毕业最低总学分
蒙古国立大学（财经）	31	15	6	42	12	15	121
蒙古国立大学（管理学）	31	15	6	39	8	15	120
乌兰巴托大学（财经、金融学）	39	31		56		—	126
蒙古国财经大学（财经）	40	33		59		—	132
蒙古国财经大学（金融学）	40	33		59		—	132

资料来源：笔者收集整理。

各高校课程设置差异较大的原因是一部分高校开设自由选修课程，而另一部分高校则未开设。研究发现，在三所高校中，乌兰巴托大学、蒙古国财经大学未开设自由选修课，其中蒙古国立大学的毕业最低总学分为 120 分，蒙古国财经大学毕业最低总学分为 132 分。在专业课方面，蒙古国财经大学和乌兰巴托大学的占比要比蒙古国立大学高。

4.2.5　中蒙经贸合作适切性人才供给测度

4.2.5.1　中蒙经贸合作适切性人才供给的影响因素

（1）中蒙经贸合作适切性人才供给问题。

为满足国家经济建设的需要，我国通过专业教育培养了大批优秀人才，形成了特色培养模式。由于部分专业具有良好的就业前景，因此吸引了许多学生。例如，财经专业的毕业生因出色的专业能力在人力资源市场上大受欢迎。但是，由于市场对人才需求的改变，我国在出台一系列培养和吸引高水平创新型人才方案的同时，也希望各高校能够培养出大量的高层次创新型人才，而这一直是各高校比较薄弱的部分。同时，为满足社会对人才多样化的需要和学生本身发展的需要，就要求各院校能够进一步创新人才培养模式，适应发展需要。目前，各高校在培养中蒙经贸合作适切性人才这一方面还存在一些问题。

第一，中蒙经贸合作适切性人才数量少、专业水平较低。在中蒙经济走廊的发展中缺少一批知原理、懂操作、会管理、掌握技能、熟悉贸易法规和多国语言的综合素质人才，中蒙经贸合作适切性人才供不应求，高素质综合人才的缺少会阻碍中蒙经济贸易合作进程。

第二，培养目标不明确。培训目标广泛但不集中，其专业定位与院校的优势、学科和市场的需求不匹配。就蒙古语授课学生的培训目标和方法而言，院校仍缺乏与当前社会需求有效对接的意识，没有形成根据社会发展需要来调整专业设置的有效机制。

第三，课程设置缺乏系统性，人才规格未能达标。中蒙经贸合作适切性人才培养所设专业，如经济学、管理学、会计学等财经类专业，是多学科交叉融合的复合型专业，涉及的学科知识较多，因此课程设置不能是仅针对某一特定岗位的"订单式"培养，也不能是点到为止的"综合型"培养，而是要突出重点的复合型人才。一些高校忽视实践教育，培养人才方式过于单一、缺乏特点，无法满足当前社会对人才的需求。

第四，高校就业指导与社会实践不衔接。目前，许多高校课程内容设置相对单一，仅对学生进行知识灌输，很少开设实践课程。蒙古族学生的汉语水平较低，所以导致他们对汉语授课的专业知识理解不到位，这不利于中蒙经贸合作。此外，学生在学校学习的理论与社会实践不符。尽管许多高校在实验室建设上投入了大量资金，但实验环境仍与实际市场环境不符。

第五，需要提高蒙古国汉语教育培训水平。据有关资料显示，2000 年后，在蒙古国学习汉语的人越来越多，进行汉语教学的大学已达 30 余所。尽管蒙古国汉语学习人数在大幅增加，但其汉语教学水平仍有很大的提升空间。根据本书的观点，蒙古国汉语教学水平不高的主要原因是教学方式不对。虽然很多人在蒙古国学习汉语，但两国之间的语言交流仍然存在困难，缺乏专业的翻译及学者。

（2）中蒙经贸合作适切性人才供给影响因素。

第一，微观层面——个体因素。从微观层面来讲，个体情况如学习态度、学习方式、性格特征、价值观等，都在不同程度上影响着中蒙经贸合作适切性人才的供给情况。

一般而言，学习态度认真的学生其能力会更强，愿意去挑战高难度的工作。从学习方式视角来看，讲究学习方法的学生往往成绩更好，毕业后更愿意选择一个更有利于实现自身价值的工作。从性格特征视角来看，外向型人才一般更愿意到离家较远的地方工作，而内向型人才更愿意选择离家较近的地方工作。从价值观视角来看，注重事业和自身价值实现的中蒙经贸合作适切性人才更愿意选择能够更好地发展事业的地区实现自身价值。

第二，中观层面——企业、高校状况。

企业方面：企业是吸引和培养中蒙经贸合作适切性人才的重要平台，为中蒙经贸合作适切性人才提供就业机会。企业的规模、文化、薪酬、发展前景等影响着中蒙经贸合作适切性人才的供给。一般来讲，企业的规模越大，在行业中所占的市场份额就越大，行业地位也就越高，而且企业内部为员工提供的工作岗位和机会也越多，这样的企业更能吸引中蒙经贸合作适切性人才。每家企业都有自己的经营宗旨、价值观和行为准则，这些因素形成了企业文化。企业价值观与员工价值观一致，员工才会认同这家企业，才能更好地工作。企业文化是一家企业的灵魂，是企业的精神支柱，特别是对于"90后"及"00后"群体来说，好的企业文化对于人才的吸引力非常大。企业薪酬是企业对于人才劳动成果的回馈，是吸引人才的重要因素。因此，中蒙经贸合作适切性人才的供给与企业相关。同时，企业良好的发展前景将为员工提供更好的发展平台，能够吸引更多的人才。企业发展前景越好，员工会越能安心地在企业工作。

高校方面：高等学校是培养人才的摇篮，是中蒙经贸合作适切性人才的重要供给来源。以培养社会所需人才为目标，不断培养市场发展所需要的中蒙经贸合作适切性人才，高校是中蒙经贸合作适切性人才的"蓄水池"。大学期间是一个人成长进步的关键时期，也是道德、能力和价值观的形成时期，因此高校的教育质量也影响着人才的供给。一个地区的高校办学理念对人才的供给有深远的影响。科研经费也能在一定程度上反映学校的教育资源。本书采用高等院校的办学理念、高校研究与发展经费、专业建设等指标来反映高校培养适切性人才的能力。

第三，宏观层面——国家政策、国际形势、环境。

国家政策因素：随着经济和社会的发展，工作不仅是谋生手段，更是实现个人价值和社会价值的途径。因此，中蒙经贸合作适切性人才更关注于选择的工作能否实现个人价值、获得社会认可。中蒙经贸合作适切性人才的自身特点决定了他们在选择工作领域时更加注重自己能否被重视、个人价值能否实现等因素。一般而言，地区经济越发达，适切性人才实现其自身价值的机会就越多，吸引力也就越强。"一带一路"倡议为中国、俄罗斯、蒙古国经济发展提供了新的发展思路，也为中蒙经贸合作适切性人才提供了更大的发展空间。随着"一带一路"倡议相关政策的完善，中蒙经贸合作适切性人才的后顾之忧也会被解决，使其可以安心工作，实现自身价值。因此，"一带一路"倡议为中国、俄罗斯、蒙古国经济的发展提供了良好的政策驱动，有利于吸引和留住适切性人才。本书采用人才引进政策、培养政策及人才激励政策来反映政策因素。

国际形势：国际形势在实现中蒙经贸合作适切性人才的个人价值中发挥着重要作用。一个良好的国际形势有利于社会为中蒙经贸合作适切性人才及其家庭提供良好的保障，为其提供更广阔的发挥平台，并且为他们提供良好的教育条件。良好的国际形势也有利于社会为中蒙经贸合作适切性人才提供合适的研究平台，激发他们的潜力，实现个人价值。本书利用经济全球化、突发事件、世界格局多极化等来反映国际形势。

环境：这里的环境因素是指广义的环境因素，在本书中，环境因素包括经济环境、生活环境及自然环境。一般情况下，一个地区的经济越发达，就越有可能吸引到高层次的人才。经济实力是区域人才政策顺利实施的保障。因此，一个地区的经济环境对高端人才的供给影响很大。当然，经济环境只是吸引人才的一个方面，随着经济的快速发展，人们对生活环境及自然环境的要求越来越高。为了追求更舒适的生活，生活环境及自然环境就成为影响高端人才流动的重要因素。

4.2.5.2　中蒙经贸合作适切性人才供给测度体系构建

（1）构建原因。

中蒙经贸合作适切性人才供给和需求由于信息不对称导致供需不匹配现象，本书拟通过构建中蒙经贸合作适切性人才供给体系对中蒙两国人才供给情况提供评判标准，但是，由于中蒙经贸合作适切性人才供给受多方面因素的影响，故本书拟采用 AHP 层次分析法来进行指标体系的构建，这样才能更好地反映各个层次的指标影响程度，才可以对各个细化的指标进行量化，对中蒙经贸合作适切性人才供给分析得更加全面，同时对适切性人才培养也有一定的借鉴意义。

（2）构建层次结构模型。

根据前文对中蒙经贸合作适切性人才供给基本情况的分析，发现中蒙两国在人才供给方面存在一些问题，并且发现中蒙经贸合作适切性人才供给主要受微观层面、中观层面和宏观层面三个因素的影响，在微观层面上分析了个体因素对人才供给的影响，在中观层面上分析了企业和高校对其的影响，在宏观层面上分析了国家政策、国际形势及环境对其的影响，根据本书的研究需要，分成目标层、准则层、子准则层及指标层四个层次，目标层为中蒙经贸合作适切性人才供给，准则层包括微观层面、中观层面和宏观层面三个因素，子准则层和指标层又各自细分为多个指标对上层指标进行描述，形成了一个系统、透明、科学的评价体系，如表 4-14 所示。

（3）构造两两比较判断矩阵。

为了使结果更加准确可靠，本书构造了两两比较判断矩阵（采用的是专家调

表4-14 中蒙经贸合作适切性人才供给体系及其各指标层具体含义

目标层	准则层	子准则层	指标层
中蒙经贸合作适切性人才供给（O）	微观层面（A_1）	个体因素（B_1）	学习态度（C_1）
			学习方式（C_2）
			性格特征（C_3）
			价值观（C_4）
	中观层面（A_2）	企业（B_2）	企业规模（C_5）
			企业文化（C_6）
			企业的薪酬（C_7）
		高校（B_3）	高校的办学理念（C_8）
			高校研究与发展经费（C_9）
			高校专业建设（C_{10}）
	宏观层面（A_3）	国家政策（B_4）	人力培养政策（C_{11}）
			人力引进政策（C_{12}）
			人才激励政策（C_{13}）
		国际形势（B_5）	经济全球化（C_{14}）
			突发事件（C_{15}）
			世界格局多极化（C_{16}）
		环境（B_6）	经济环境（C_{17}）
			自然环境（C_{18}）
			生活环境（C_{19}）

资料来源：笔者整理分析。

查法），根据中蒙经贸合作适切性人才供给体系设置问卷，对内蒙古50位专家进行了问卷调研，每位专家均根据实际情况如实对问卷进行了填写，回收有效问卷47份。对47位专家意见进行归纳整理，取各位专家的平均值作为最后得分。

按照每层重要性原则，通过两两比对形成矩阵。准则层按照重要性原则进行排序和对比得到矩阵M_1；子准则层和指标层按照同样方法排序和对比得到M_2、

M_3、M_4、M_5、M_6、M_7、M_8、M_9 判断矩阵。

$$M_1 = \begin{bmatrix} 1 & 1/4 & 2/3 \\ 4 & 1 & 3/2 \\ 3/2 & 2/3 & 1 \end{bmatrix}; \quad M_2 = \begin{bmatrix} 1 & 3 \\ 1/3 & 1 \end{bmatrix}; \quad M_3 = \begin{bmatrix} 1 & 1 & 3 \\ 1 & 1 & 3 \\ 1/3 & 1/3 & 1 \end{bmatrix}$$

$$M_4 = \begin{bmatrix} 1 & 1/3 & 1/5 & 1/6 \\ 3 & 1 & 1/2 & 1/3 \\ 5 & 2 & 1 & 1/2 \\ 6 & 3 & 2 & 1 \end{bmatrix}; \quad M_5 = \begin{bmatrix} 1 & 3 & 3 \\ 1/3 & 1 & 1 \\ 1/3 & 1 & 1 \end{bmatrix};$$

$$M_6 = \begin{bmatrix} 1 & 2 & 2 \\ 1/2 & 1 & 1 \\ 1/2 & 1 & 1 \end{bmatrix}; \quad M_7 = \begin{bmatrix} 1 & 1/4 & 1 \\ 4 & 1 & 4 \\ 1 & 1/4 & 1 \end{bmatrix}; \quad M_8 = \begin{bmatrix} 1 & 1 & 2 \\ 1 & 1 & 2 \\ 1/2 & 1/2 & 1 \end{bmatrix};$$

$$M_9 = \begin{bmatrix} 1 & 3 & 3 \\ 1/3 & 1 & 1 \\ 1/3 & 1 & 1 \end{bmatrix}$$

（4）计算各层级权向量。

对权向量的计算是利用计算机软件进行的，判断矩阵的结果是利用求和法计算的，最后得出各层次的权重指标。以判断矩阵 M_1 为例：

首先，计算规范化的判断矩阵，即 M_1 的每个元素除以其对应的列元素的总和，结果如表 4-15 所示。

其次，求各因素对目标的权向量，做法是对规范化的判断矩阵的每一行求和，令第 i 行的和为 c_i（i=1，2，3），设 $c_1 + c_2 + c_3 = c$，则（c_1/c，c_2/c，c_3/c）就是所求的权向量 W。将表 4-15 中的 A_1、A_2、A_3 三行的分数都转化为小数，如表 4-16 所示。

表 4-15　规范化的两两比较判断矩阵

准则层	A_1	A_2	A_3
A_1	2/13	3/23	4/19
A_2	8/13	12/23	9/19
A_3	3/13	8/23	6/19
列求和	1	1	1

资料来源：笔者分析整理。

表 4-16　两两比较判断矩阵的权向量

准则层	A_1	A_2	A_3	c_i
A_1	0.154	0.130	0.211	0.495
A_2	0.615	0.522	0.474	1.611
A_3	0.231	0.348	0.315	0.894
列求和	1	1	1	3

资料来源：笔者分析整理。

权向量 $W_1 = (c_1/c,\ c_2/c,\ c_3/c) = (0.1634,\ 0.5396,\ 0.297)^T$，依次计算其他各判断矩阵的权向量，分别得到：

$W_2 = (0.75,\ 0.25)^T$

$W_3 = (0.429,\ 0.429,\ 0.142)^T$

$W_4 = (0.064,\ 0.164,\ 0.292,\ 0.480)^T$

$W_5 = (0.6,\ 0.2,\ 0.2)^T$

$W_6 = (0.5,\ 0.25,\ 0.25)^T$

$W_7 = (0.1665,\ 0.667,\ 0.1665)^T$

$W_8 = (0.375,\ 0.375,\ 0.25)^T$

$W_9 = (0.6,\ 0.2,\ 0.2)^T$

（5）一致性检验。

首先，计算最大特征值 λ_{max}，对于三阶矩阵 M_1，若有 n 维列向量 W 及数值 λ，使 $M_1 W = \lambda W$，称 λ 为 M_1 的特征根，W 为特征向量或权向量。求出权向量后再计算最大特征值 λ_{max}。判断矩阵 A 和特征向量 W 的乘积：

$$M_1 \times W = \begin{bmatrix} 1 & 1/4 & 2/3 \\ 4 & 1 & 3/2 \\ 3/2 & 2/3 & 1 \end{bmatrix} \begin{bmatrix} 0.1634 \\ 0.5396 \\ 0.297 \end{bmatrix} = \begin{bmatrix} 0.4963 \\ 1.6387 \\ 0.902 \end{bmatrix}$$

计算最大特征值 λ_{max}：

$$\lambda_{max} = \sum_{i=1}^{n} \frac{(M_1 W)_i}{n W_i}$$

$$\lambda_{max} = \sum_{i=1}^{3} \frac{(M_1 W)_i}{n W_i} = \frac{1}{3} \times \left(\frac{0.4963}{0.1634} + \frac{1.6387}{0.5396} + \frac{0.902}{0.297} \right) \approx 3$$

其次，计算一致性指标 CI，CI＝（$\lambda_{max}-n$）／（$n-1$），通过计算，各个矩阵的 λ_{max} 和 CI 值如表 4-17 所示，平均随机一致性指标 RI 如表 4-18 所示。CR＝CI/RI，当 CR<0.1 时，表明各元素间关系是符合逻辑的，此判断矩阵的一致性是可以接受的；当 CR≥0.1 时，表明各元素间关系是不符合逻辑的，判断矩阵一致性检验不通过，必须再次对判断矩阵进行修正，下面以 M_1 为例计算 CR。

表 4-17　一致性指标 CI 和 λ_{max}

n	1	2	3	4	5	6	7	8	9
CI	0.00	0.00	0.58	0.01	0.00	0.00	0.00	0.00	0.00
λ_{max}	3	2	3	4	3	3	3	3	3

资料来源：笔者分析整理。

表 4-18　平均随机一致性指标 RI

n	1	2	3	4	5	6	7	8	9	10	11
RI	0.00	0.00	0.58	0.89	1.12	1.24	1.36	1.41	1.46	1.49	1.52

资料来源：笔者分析整理。

从表 4-17 和表 4-18 可以看出，9 个矩阵的一致性比率 CR 都小于 0.1，因此可以通过一致性检验，结果具有一致性。

（6）中蒙经贸合作适切性人才评价指标层次总排序及其一致性检验。

层次总排序值等于该因素的层次单排序值乘以其上层因素的层次排序值；是计算某一层次所有因素对于目标层（O）相对重要性的权值。最下层指标层相对于最高层目标层的排序权重能够为有效评价或决策提供有力的依据。虽然各层次的层次单排序已经通过了一致性检验，并且相应的判断矩阵都有较满意的一致性，但是由于当各层次综合在一起时，层次总排序经过某空间变换，可能使各层次的一致性发生改变，导致最终的分析结果不满足一致性原则，因此需检验层次总排序的一致性，指标层的层次总排序如表 4-19 所示。

表 4-19 指标层的层次总排序

指标层	准则层						指标层总排序值
	B_1	B_2	B_3	B_4	B_5	B_6	
	1	0.75	0.25	0.429	0.429	0.142	
C_1	0.064						0.064
C_2	0.164						0.164
C_3	0.292						0.292
C_4	0.480						0.480
C_5		0.6					0.450
C_6		0.2					0.150
C_7		0.2					0.150
C_8			0.50				0.125
C_9			0.25				0.0625
C_{10}			0.25				0.0625
C_{11}				0.1665			0.0714
C_{12}				0.667			0.2861
C_{13}				0.1665			0.0714
C_{14}					0.375		0.1609
C_{15}					0.375		0.1609
C_{16}					0.250		0.1072
C_{17}						0.6	0.0852
C_{18}						0.2	0.0284
C_{19}						0.2	0.0284

资料来源：笔者分析整理。

经由上述对各判断矩阵的一致性 CI 和平均随机一致性 RI 与权向量 W 的分析，其层次总排序的一致性比率 CR 为：

$$CR = \frac{\sum_{j=1}^{9} W_i CI_j}{\sum_{j=1}^{9} W_i RI_j}$$

$$= \frac{0.038 \times 1 + 0}{1 \times 0.89 + 0.75 \times 0.58 + 0.25 \times 0.58 + 0.429 \times 0.58 + 0.429 \times 0.58 + 0.142 \times 0.58}$$

$$= \frac{0.038}{2.05}$$

$$= 0.0185 < 0.1$$

由结果 CR<0.1 可知，层次总排序通过了一致性检验。

4.2.5.3　结果分析

由上文分析可知，微观因素、中观因素和宏观因素三个方面的影响权重分别为 0.1634、0.5396 和 0.297，中观因素对中蒙经贸合作适切性人才供给的影响较大，其次是宏观因素，微观因素对人才供给的影响较小。在中观层面，企业对人才供给的影响较大，权重值为 0.75，高校的权重值较低；在宏观层面，国际形势和国家政策对人才供给的影响程度一样，影响较小的是环境，权重值只有 0.142；在微观层面，个人因素中影响较大的是价值观，占据 0.480 的权重，注重事业和自身价值实现的适切性人才更愿意选择能够更好地发展事业的地区以实现自身价值；企业因素中影响较大的是企业规模，占据 0.6 的权重，可以看出，中蒙经贸合作适切性人才比较看重企业的规模，企业的规模越大，就越能吸引更多优秀的中蒙经贸合作适切性人才。在高校影响指标中，高校的办学理念对高校人才供给的影响较大，占据 0.5 的权重。在宏观层面，主要包括国家政策、国际形势和环境三个影响因素，对于国家政策而言，人才引进政策对于人才供给起着重要的作用，权重值为 0.667，可见一个地区的人才政策会对中蒙经贸合作适切性人才供给产生一定的影响，而国际形势也是影响人才供给的重要因素。对于国际形势而言，经济全球化和突发事件对人才供给的影响一样大，世界格局多极化的影响较小。对于环境而言，中蒙经贸合作适切性人才更注重经济环境，经济环境对其影响较大，权重值为 0.6，如果一个地区经济发展欠缺，那么很难培育优秀的高端人才，所以经济环境对于中蒙经贸合作适切性人才供给也非常重要。

随着中蒙经贸合作倡议实施的不断加深，中国与蒙古国在经济、文化领域开展了大量的合作，对于人才的需求也越来越迫切。本书通过微观、中观与宏观三个维度剖析了中蒙经贸合作适切性人才供给的影响因素，对各个具体指标权重进行了计算和分析，发现影响中蒙经贸合作适切性人才供给最大的因素来自中观层面，其次是宏观层面，最后是微观层面。中蒙经贸合作需要高素质人才作为储备，因此研究中蒙经贸合作适切性人才的供给具有重要的意义。企业是培养中蒙经贸合作适切性人才的重要渠道，地方高校是中蒙经贸合作适切性人才培养的摇篮，肩负着重大使命。因此，无论是企业还是高校都应该加强合作，共同培养出符合中蒙两国贸易合作需求的高素质适切性人才，推动中蒙经贸合作的发展。

第5章
中蒙经贸合作适切性人才
供求动态均衡研究

在推进中蒙经济走廊建设的过程中，对中蒙经贸合作适切性人才的需求逐渐增加。本章分别探求企业与高校对适切性人才供求动态平衡的作用机制，构建耦合协调度模型对适切性人才供求动态平衡进行量化分析，厘清高校人才培养与人才市场需求不适切的问题，总结人才供需失衡原因，并且对适切性人才供求动态均衡机理进行深入的探究，以期使高校适切性人才培养满足中蒙经贸合作对适切性人才的需求，为社会经济发展提供人力和智力支持。

5.1 中蒙经贸合作深度发展的动力源泉

自中国和蒙古国建交以来，两国一直保持着友好、稳定的经贸合作交流，蒙古国是建设"丝绸之路经济带"的重要成员，经贸合作在双边关系友好进展过程中发挥着关键作用。两国不仅在自然资源和经济结构方面存在一定的差异，而且在经济、政治、社会文化、交流方式等方面也存在差异，但是两国都处于经济上升期，经济发展的互补性较强，存在着较大的合作空间，使两国的合作具有可行性，合作范围十分广泛。在"丝绸之路经济带"建设背景下，深入开展两国的经贸合作十分必要，对推动与亚太地区国家的经济往来和建立国家友好关系具有重要意义。

蒙古国属于内陆国家，土地广阔、人口较少、资源丰富。中国正处在工业化和城镇化快速发展进程中，中蒙两国的经济结构具有较高的互补性，有利于开展经贸合作。中蒙两国在外贸合作方面有很大的发展前景，双方在矿产资源开发、基础设施建设、金融等方面增进了合作，以矿产资源和互联网方面的合作为优先方向，推动两国经贸合作进一步发展。

加强中蒙两国的经贸合作，要保证在两国政策互通、文化交融、交通联结的情况下进行，并且需要高水平的适切性人才来推动两国之间的经贸合作。对于高水平人才来说，其要掌握汉语和蒙古语，语言搭建的桥梁为中蒙经贸合作在专业技术、政策互通、法律服务等方面提供了便捷。

中蒙经贸合作适切性人才的供求平衡是促进边疆民族地区经济、社会和文化持续性协调发展的重要保障，是加快中蒙经贸合作顺利进行的动力源泉，而且在促进民族团结、边疆稳定及推进中蒙经济建设方面均起着积极的内部推动作用，为两国的经济发展做好了充足的人才资源储备。根据中蒙经贸合作的人才需求，培养充足的适切性人才是进一步开展中蒙经贸合作的重要前提条件。适切性人才供求均衡对经贸发展的动力作用主要体现在以下四个方面。

5.1.1　为中蒙经贸合作语言沟通提供动力源泉

随着中蒙经贸合作的不断推进，越来越需要高质量的适切性人才来促进两国的合作，人才是一个至关重要的因素，是中蒙经贸合作的重要动力源泉。当前政府、企业、高校在发展过程中的重要任务是界定中蒙经贸合作的适切性人才，为中蒙合作做好人才资源的储备。中蒙经贸合作为我国实现教育现代化提供了难得的机遇。为了促进中蒙经贸合作的顺利开展，要加强教育领域的合作与交流，开展深层次、多领域的合作，提高我国高等教育的国际化水平，培养大批具有国际视野、能参与国际事务和竞争的高质量人才，为合作的顺利开展提供适切性人才。

中蒙经贸合作的顺利进行离不开有效的语言沟通，这就要解决中蒙两国的语言屏障，加强适切性人才对语言的学习，保证两国的有效沟通。中蒙经贸合作面临的语言问题比较严峻，这给企业与企业、企业与政府、企业与高校等之间的交流带来了障碍。在人才培养过程中，加强对蒙古语专业的实习训练，增加更多的蒙古语实习岗位，通过加强对两国语言的学习，可破除不同语言之间的交流壁垒，突破以往经贸合作与交流的藩篱。通过加强对中蒙两国语言文化的学习和交流，培养更多的中蒙经贸合作适切性人才，是在新时期推动中蒙经贸合作顺利进行的动力源泉。

5.1.2 为中蒙经贸合作文化交流提供动力源泉

文化动力在中蒙文化交流过程中具有枢纽和核心作用，它激活了两国的文化潜力和实力，使中蒙经贸合作的文化交流成为真正的善于创造和流动的文化生命体，两国的文化从历史碰撞逐渐走向深度融合，文化交融程度正在稳步提升。文化的沟通是中蒙两国开展各领域合作的前提和基础，中蒙经贸合作难免会遇到文化冲突，在合作的过程中，会在一定程度上与当地的文化传统产生冲突，导致中蒙经贸合作不适应当地文化或者遭到当地文化的排斥，最终导致合作失败。培养中蒙经贸合作适切性人才时应加强对两国文化的学习，使学生进行深入的文化交流，吸取相关经验，增强自己的文化适应性，使中蒙经贸合作顺利进行。

具有国际化知识、熟悉国际运作与商务谈判的高素质管理人才在中蒙经贸合作中发挥了至关重要的作用。适切性人才应从全球的视角出发，正确看待两国的文化冲突，采用合理的方式促进两国的文化交融，为中蒙经贸合作排除文化冲突的壁垒，借助文化动力来促进中蒙经贸合作的进一步发展。

5.1.3 为中蒙经贸合作人才培养提供动力源泉

中蒙经贸合作适切性人才队伍的壮大与优化，是中蒙两国实施创新经贸发展、适应合作发展新形势的动力源泉。人才是中蒙经贸合作的重要资源，随着两国合作的不断加深，对人才的需求越来越趋向多元化，对人才质量的要求也有一定的提高。一方面，要紧跟国际市场形势，精准把握人才的需求，切实提高人才质量；另一方面，加强对人才国际化观念的培养，培养具有国际视野、创新思维、通晓国际规则和能够跨文化交流沟通的人才。精准把握中蒙经贸合作所需的国际化人才，有针对性地培养人才，保障中蒙经贸合作事业持续健康发展。

自中蒙经济走廊建设以来，我国高校纷纷响应，聚焦高层次人才需求，进行了积极的探索，成立了高校联盟，为合作顺利开展输送国际化人才。高校也正在培养精通专业、通晓中蒙两国国情文化和适应中蒙经贸合作的专门人才。国家不断加大资源投入，创新培训方式，推进合作办学计划、师资培训计划和人才联合培养计划，开展了一系列人才培养培训合作，为中蒙经贸合作人才储备力量。

5.1.4　为中蒙经贸合作环境建设提供动力源泉

随着中蒙经贸合作环境的不断变化，对人才的要求也有一定的提高，当今的适切性人才培养要具备以下特点：一是利用大数据手段，全面挖掘人才，了解中蒙经贸合作的人才需求，更精准地运用人才；二是拓宽培养人才的国际化视野，突破传统的用人路径；三是加大对人才的开发力度，充分发挥人才的潜力，做到人尽其才、才尽其用；四是建立人才生态系统，制定人人有位、人人有为的用人制度，齐心协力地推动中蒙经贸合作的顺利进行。要把中蒙经贸合作适切性人才培养成具备国际视野、精通多国语言、具有创新思维的国际化人才。

中蒙经贸合作适切性人才的培养为中蒙经贸合作提供了充足的动力，有利于促进两国互利互惠的经贸往来，加强了两国之间的交流与合作。蒙古国的经济发展已经越来越紧密地与中国联系在了一起，构建中蒙经贸合作将带动两国服务贸易升级。随着中蒙两国互信增强，民众友好情绪上升，两国服务贸易发展空间将得以拓展。在旅游、文化、教育、金融、通信、建筑与社会服务等贸易领域的市场准入使贸易规模不断扩大，中国对蒙古国的服务贸易出口及蒙古国的服务贸易进口，都将得到良好的发展。

5.2　中蒙经贸合作适切性人才供求动态均衡的作用机制

在"一带一路"倡议下，中蒙经贸合作进入新的发展阶段，双方的合作关系进入新时期，中蒙经贸合作的范围不断扩大，层次也不断加深，中国作为蒙古国最大的经贸合作伙伴，在当今世界格局下，两国的经贸合作具有重要的意义。中国作为发展较快的发展中国家，在发展过程中积累了较丰富的经验，具有改革创新发展的战略思想，并且国内市场需求大；蒙古国有着丰富的自然资源和生态资源，两国在资源方面具有互补性，具有突出的合作优势，在自由贸易的环境中，加强两国的贸易往来，实现中蒙经贸合作适切性人才供求动态均衡，对两国长期稳定的合作发展关系具有重要意义。

党的十八大提出要构建开放型经济体系，明确要实施更加积极主动的对外开放战略，不断创新开放模式，促进沿边开放，统筹全方位、宽层次、多领域的开放格局，推动与周边国家和地区的互联互通，打造沿海、内陆、沿边"三位一体"的全开放格局。随着"一带一路"倡议的提出，中蒙经贸合作对于连接欧亚陆路大通道的战略地位得以凸显，中蒙经贸合作将为新一轮西部大开发及振兴东北老工业基地战略注入了新的活力，有利于形成沿边经济发展的新的增长点，完善我国区域开放格局，为我国构建海陆并进、沿海与沿边优势互补的全方位对外开放布局探索新路径、积累新经验。

中蒙经贸合作人才供求适切性是高校培养出来的高质量人才与各企业事业单位所需要的人才在数量和质量上相切合。随着中蒙经贸合作范围的不断扩大，人才供求适切性不仅指"蒙古语+专业"人才在供求数量上相适切，还包括在文化、习俗等方面相适切，自觉或不自觉地跨过文化的局限性，从国际视野的角度看待中蒙经贸合作。中蒙经贸合作适切性人才供求动态均衡作用机制体现在企业和高校对人才培养方面，并且对企校人才培养联动具有重要意义。

5.2.1 中蒙经贸合作适切性人才供求动态均衡对企业人才培养的导向作用

人才供求结构均衡是在一定时期内国家的人才供给结构和需求结构相匹配。人才适切性并不是盲目地关注市场的人才需求，而是在精准体现人才培养特色的同时又能准确预测未来的人才需求。中蒙经贸合作对人才的要求进一步提高，这有利于刺激企业培养适切性高质量人才，对社会进步发展具有重要意义。培养符合中蒙经贸合作需求的特色专业人才，满足社会不断发展和进步的需要，结合中蒙经贸合作进一步调整人才培养计划，不断调整特色人才战略。

研究中蒙经贸合作高质量人才供给与需求是否匹配对中蒙经贸合作具有重要意义，促使企业培养适合当前中蒙经贸合作发展趋势的人才，达到一定的"匹配"效果，促进经济高质量发展和中蒙经济走廊建设。企业必须清楚地了解中蒙经贸合作需要的适切性人才，根据不同阶段培养不同的切合性人才，做到有针对性地培养人才，防止出现人才断层等现象；及时了解中蒙经贸合作的人才需求变化趋势，制订长期的人才培训计划，保证适切性人才的供给稳定性。

中蒙经贸合作是"一带一路"建设的重点内容，在合作过程中对经贸方面人才的要求是懂经济、会创新、善经营。面对经济全球化的趋势，结合经贸合作的现实需要，促进企业培养更多的中蒙经贸合作适切性人才。

5.2.2　中蒙经贸合作适切性人才供求动态均衡对高校人才培养的指引作用

研究中蒙经贸合作过程中专业人才供求适切性问题，切实了解地方高校人才培养效果与贸易合作人才的需求信息，及时掌握地方院校在中蒙经贸合作适切性人才培养中存在的问题，对高校制定人才培养方案具有重要意义。中蒙经贸合作的不断深入给两国的经济和文化发展带来了机遇，同时也为蒙古语专业的人才培养提出了新的要求。高校根据当前中蒙经贸合作对适切性人才的需求，加强了学生对蒙古语的深入学习，力争打破中蒙经贸合作之间的文化壁垒；以中蒙经贸合作为导向，制订人才培养计划，有针对性地将专业知识与行业标准相衔接，加强课程重点与岗位要求的匹配度，根据不同的需求，划分不同的教学重点。

高等院校应根据中蒙经贸合作对适切性人才的需求，鼓励相关专业学生赴蒙古国留学，提升语言能力；同时积极开展人才交流论坛，开阔学生的国际视野，加强对人才实践能力的培养，最大限度地满足中蒙经贸合作对高质量人才的需求，提高高校教育教学质量，保证中蒙经贸合作与高校、人才的协同发展。

5.3　中蒙经贸合作适切性人才供求耦合协调度

中蒙经贸合作人才供求动态均衡要求高校根据两国贸易往来需求培养出适切性人才，通过完善人才培养工作考量指标，彰显高校和地方的人才培养特色，进而使培养出的中蒙经贸合作人才在专业技能、语言能力上体现出"学思用贯通，知信行统一"的切合性。

研究中蒙经贸合作适切性人才供求动态平衡的目的在于使中蒙经贸合作适切

性人才供给和需求互相满足，使企业和少数民族地区高校毕业生能够找到合适的员工与岗位，从而达到"匹配"的效果。切实了解各高校人才培养效果与企事业单位对专业人才的需求信息，掌握各高校在中蒙经贸合作适切性人才培养中存在的问题，积极完成人才培养方案改革，加强对适切性人才实践能力的锻炼，使各高校毕业生最大限度地满足企事业单位对中蒙经贸合作适切性人才能力的要求，从而提高高校毕业生的就业率，促进经济高质量发展和中蒙经济走廊建设。本节研究中蒙经贸合作适切性人才供给与需求的耦合性，找到地方高校人才培养与企业单位人才需求的不适切方面，为地方高校人才培养制度改革提供建议。为了更好地进行研究，本书首先运用 SPSS 软件计算出中蒙经贸合作适切性人才供求综合水平，其次运用耦合协调度模型对中蒙经贸合作适切性人才供求进行分析。

5.3.1　中蒙经贸合作人才供求耦合协调度模型构建

5.3.1.1　指标选取

通过阅读大量文献（臧建玲，2007；薛凤珍和蒙永胜，2017；袁雪妃和白璐璐，2014），本书将中蒙经贸合作人才供求适切性定义为：供给与市场需求的切合。每个指标采取李克特五级量表法记分，在企业对中蒙经贸合作适切性人才需求方面的问卷调查中使用 1、2、3、4、5 表示"非常不重要""不重要""比较不重要""重要""非常重要"；在高校对中蒙经贸合作适切性人才培养效果的问卷调查中使用 1、2、3、4、5 表示"非常少""比较少""一般""比较多""非常多"，指标体系如表 5-1 所示。

5.3.1.2　中蒙经贸合作适切性人才供求综合水平的计算

对于供求方面的测算，本书主要从"企业对中蒙经贸合作适切性人才需求"和"高校对中蒙经贸合作适切性人才培养效果"两个系统出发，采用因子分析法分析两个系统的综合水平和采用耦合协调度模型测算两个系统的耦合协调度。

因子法分析是将多个因子转化为几个综合因子，通过更少的"因子"反映所研究的问题。一般来说，因子分析法具有以下特征：因子数少于原来的变量数，少数"综合因子"可以反映出原数据的绝大部分信息，因子之间不存在统计意义上的线性关系，因子具有命名解释性。

表 5-1　耦合协调度评价的指标体系

系统层	指标层	系统层	指标层
企业对中蒙经贸合作适切性人才需求	知识应用能力	高校对中蒙经贸合作适切性人才培养效果	专业课知识收获能力
	解决问题能力		解决问题能力
	外语能力		外语能力
	创新能力		创新能力
	应变能力		灵活应变能力
企业对中蒙经贸合作适切性人才需求	人际沟通能力	高校对中蒙经贸合作适切性人才培养效果	人际交往能力
	计算机能力		计算机操作能力
	团队协作能力		团队合作能力
	抗压能力		自学能力
	学习新知识能力		批判性思维能力
	获取信息能力		信息收集能力
	职业纪律性		树立正确的人生观、价值观

资料来源：笔者整理。

因子分析法的核心思想是通过选取互相独立的几个"因子"表征出原始数据所带有的主要信息，用数学模型来表示：

$$X_i = a_{i1}F_1 + a_{i2}F_2 + \cdots + a_{im}F_m + \varepsilon_i, \quad i = 1, 2, \cdots, p \tag{5-1}$$

其中，公共因子为 F_1，F_2，$\cdots$，F_m，ε_i 是所研究问题 X_i 的特殊因子。

构建"企业对中蒙经贸合作适切性人才需求"系统的综合评价水平函数，如式（5-2）所示：

$$f(x) = \sum_{i=1}^{m} c_i x_i \tag{5-2}$$

其中，$f(x)$ 为"企业对中蒙经贸合作适切性人才需求"系统的综合评价水平，c_i 为"企业对中蒙经贸合作适切性人才需求"系统中第 i 个指标的权重值，并且规定 i 个指标在该系统中权重值之和为 1，即 $\sum_{i=1}^{m} c_i = 1$；x_i 表示第 i 个指标的数值。综合得分越高，说明企业对中蒙经贸合作适切性人才需求的重视程度越高；反之，则说明企业对中蒙经贸合作适切性人才需求的重视程度越低。

将式（5-3）表示为"中国企业对中蒙经贸合作适切性人才需求"系统的综合水平：

$$f_{(D)}(x) = \sum_{i=1}^{m} c_{iD} x_{iD} \tag{5-3}$$

将式（5-4）表示为"蒙古国企业对中蒙经贸合作适切性人才需求"系统的综合水平：

$$f_{(F)}(x) = \sum_{i=1}^{m} c_{iF} x_{iF} \tag{5-4}$$

构建"高校对中蒙经贸合作适切性人才培养效果"系统的综合评价水平函数，如式（5-5）所示：

$$g(y) = \sum_{j=1}^{n} d_j y_j \tag{5-5}$$

其中，$g(y)$ 为"高校对中蒙经贸合作适切性人才培养效果"系统的综合水平，d_j 为"高校对中蒙经贸合作适切性人才培养效果"系统中第 j 个指标的权重值，并且规定 j 个指标在该系统中所占的权重之和为 1，即 $\sum_{j=1}^{n} d_j = 1$；y_j 为"高校对中蒙经贸合作适切性人才培养效果"系统中第 j 个指标的数值。综合得分越高，说明其人才培养效果越好；反之，则说明越差。

将式（5-6）表示为"中国高校对中蒙经贸合作适切性人才培养效果"系统的综合水平：

$$g_{(D)}(y) = \sum_{j=1}^{n} d_{jD} y_{jD} \tag{5-6}$$

将式（5-7）表示为"蒙古国高校对中蒙经贸合作适切性人才培养效果"系统的综合水平：

$$g_{(F)}(y) = \sum_{j=1}^{n} d_{jF} y_{jF} \tag{5-7}$$

式（5-2）、式（5-5）中的 m、n 的数值表示因子分析法中选出少量"因子"的个数，本书通过因子分析中的累计方差贡献率来确定 m、n 的数值，式（5-8）表示所选取的前 k 个因子的累计方差贡献率：

$$a_k = \frac{\sum\limits_{i=1}^{k} s_1^2}{p} = \frac{\sum\limits_{i=1}^{k} \lambda_i}{\sum\limits_{i=1}^{p} \lambda_i} \qquad (5-8)$$

一般来说，所选取因子个数 k 表示条件累计方差贡献率 $a_k > 0.85$ 的特征根个数，但本书属于人文社科类，并且研究所使用的数据是通过问卷调查得到的，因此将累计方差贡献率的条件设为 $a_k > 0.6$。

5.3.1.3　中蒙经贸合作人才供求适切性的协调度测度模型

近年来，耦合理论广泛应用于物理、农业、生物、地理、交通、生态、环境、经济等领域。在现有理论中，与系统耦合协同关系相关的模型主要有计量经济学模型、系统动力学模型和耦合度测量判断模型三种。使用计量经济学模型进行分析仅需要少量的数据，主要是将单因素之间的关系进行研究分析，与其他两个模型相比，具有简单和易操作的优势，但对于研究对象具有一定的局限性，并且研究结果容易受到外部因素的干扰。系统动力学模型也可用于研究系统，反映系统内部运行机制，但对研究问题各方面的要求较高，并且开展系统动力学模型研究需要大量的基础数据，对成本和技术也有较高的要求。采用耦合度测量判断模型进行分析，不仅可以体现"企业对中蒙经贸合作适切性人才需求"系统与"高校对中蒙经贸合作适切性人才培养效果"系统的关联度，还可以进行国家之间的对比分析，因此本书选取耦合度测量判断模型来研究中蒙经贸合作适切性人才供求耦合协调度。

（1）中蒙经贸合作人才供求适切性的协调度。

"企业对中蒙经贸合作适切性人才需求"系统和"高校对中蒙经贸合作适切性人才培养效果"系统的综合评价水平分别表示为 f（x）和 g（y）。在此基础上，借鉴物理学中容量耦合系数模型来定义中蒙经贸合作人才供求适切性的耦合度函数 C，如式（5-9）所示：

$$C = \left\{ \frac{f(x)g(y)}{[f(x)+g(y)]^2} \right\}^{\frac{1}{2}} \qquad (5-9)$$

其中，$C \in [0, 1]$，当 C 为 0 时，表明中蒙经贸合作人才供求适切性的耦合程度最低，处于无关状态；当 C 为 1 时，表明中蒙经贸合作人才供求适切性的耦合程度最高，"企业对中蒙经贸合作适切性人才需求"系统和"高校对中蒙经贸合作适切性人才培养效果"系统达到良性共振耦合；当 C∈（0，0.3]时，表明中蒙经贸合作人才供求适切性处于较低水平的耦合阶段；当 C∈（0.3，0.5]时，表明中蒙经贸合作人才供求适切性处于拮抗阶段；当 C∈（0.5，0.8]时，表明中蒙经贸合作人才供求适切性处于磨合阶段；当 C∈（0.8，1]时，表明中蒙经贸合作人才供求适切性处于高度耦合阶段。

（2）中蒙经贸合作人才供求适切性的协调度模型的构建。

耦合度对判别中蒙经贸合作人才供求适切性耦合程度、预测"企业对中蒙经贸合作适切性人才需求"系统与"高校对中蒙经贸合作适切性人才培养效果"系统两者的发展至关重要。但是，运用容量耦合系数模型却难以反映中蒙经贸合作人才供求适切性的整体功效和实际协同效应水平，如当中蒙经贸合作人才供求适切性处于较低水平时，计算结果可能会显示出较高的协调度，与实际结果并不相符。因此，有必要建立一个更加客观的耦合协调度模型，以反映中蒙经贸合作人才供求适切性协调发展水平。本书运用耦合协调度模型来测度中蒙经贸合作人才供求适切性水平，耦合协调度的计算如式（5-10）所示：

$$\begin{cases} D=\sqrt{CT} \\ T=\alpha f(x)+\beta g(y) \end{cases} \tag{5-10}$$

其中，D 为"企业对中蒙经贸合作适切性人才需求"系统与"高校对中蒙经贸合作适切性人才培养效果"系统的耦合协调度，C 为两者的耦合度，T 为两者的综合协调指数，体现了两个系统的整体协同效应，α、β 为待定系数。由于在问卷中对于需求方面和培养效果的相关题目设置几乎相同，所以本书规定 $\alpha=\beta=0.5$。

与容量耦合系数模型相比，式（5-10）不仅克服了容量耦合系数模型可能出现低水平高耦合现象的弊端，还具有概括中蒙经贸合作人才供求适切性综合水平的优势。耦合协调度模型是对基于耦合度分析的校正，使计算结果更客观、更全面地反映"企业对中蒙经贸合作适切性人才需求"系统和"高校对中蒙经贸合作适切性人才培养效果"系统之间的协调程度，并且在比较国家结果中具有很强的可操作性。

（3）中蒙经贸合作人才供求的耦合协调度评价标准。

在划分中蒙经贸合作人才供求耦合协调度评判标准时，要综合考虑"企业对中蒙经贸合作适切性人才需求"系统和"高校对中蒙经贸合作适切性人才培养效果"系统。为了更加全面、准确地反映这两个系统的耦合关系，本书将中蒙经贸合作人才供求耦合协调度评判标准和基本类型划分为 10 个等级，如表 5-2 所示。

表 5-2　耦合协调度等级划分

耦合协调度	协调等级	耦合协调度	协调等级	耦合协调度	协调等级	耦合协调度	协调等级	耦合协调度	协调等级
0~0.09	极度失调	0.20~0.29	中度失调	0.40~0.49	勉强失调	0.60~0.69	初级失调	0.80~0.89	良好协调
0.10~0.19	严重失调	0.30~0.39	轻度失调	0.50~0.59	濒临失调	0.70~0.79	中级协调	0.90~1.00	优质协调

资料来源：笔者整理。

当 $f(x) > g(y)$ 时，为"高校对中蒙经贸合作适切性人才培养效果"系统综合水平滞后型；当 $f(x) < g(y)$ 时，为"企业对中蒙经贸合作适切性人才需求"系统综合水平滞后型。

5.3.2　中蒙经贸合作人才供求耦合协调度研究设计与分析

5.3.2.1　中蒙经贸合作——中国人才供求耦合协调度研究设计与分析

本书在中蒙两国发放调查问卷，其中在"企业对中蒙经贸合作适切性人才需求"的问卷调查中，回收有效问卷为：中国 516 份，蒙古国 241 份。在"高校对中蒙经贸合作适切性人才培养效果"的问卷调查中，回收有效问卷为：中国 69 份，蒙古国 176 份。

本书使用 SPSS 软件进行 KMO（Kaiser-Meyer-Olkin）检验和巴特利特球形检验（Bartlett Test of Sphericity），即验证所选取变量间的线性关系。在巴特利特球形检验中，若近似卡方数值较大，则应拒绝单位矩阵的原假设，说明所选取的变量适合进行因子分析。一般情况下，使用 KMO 检验要分析所选取的变量是否满足因子分析法的前提条件：当 KMO 值趋近于 1 时，说明选取变量间有着强相关关系，满足因子分析的前提条件，因此所选取的变量适合进行因子分析；当 KMO 值接近于 0 时，表明变量间的相关性较弱，不符合因子分析法使用的前提条件，因此不能进行因子分析。对 KMO 统计量测度数值进行细分：当 KMO 值小于 0.5 时，极不适合进行因子分析；当 KMO 值处于 0.6 左右时，不适合进行因子分析；当 KMO 值在 0.7 左右时，则一般适合进行因子分析；当 KMO 值在 0.8 附近时，适合进行因子分析；当 KMO 值大于 0.9 时，则十分适合进行因子分析。对中国的问卷调查数据进行计算，得到"企业对中蒙经贸合作适切性人才需求"系统与"高校对中蒙经贸合作适切性人才培养效果"系统的 KMO 值分别是 0.955 和 0.907，并且巴特利特球形检验近似卡方值均较大，sig 值均为 0，拒绝单位矩阵的原始假设。综上所述，本书选取的变量数据适合使用因子分析法。

对于"企业对中蒙经贸合作适切性人才需求"系统来说，由表 5-3 可知，选取原始变量的共同度都在 70%以上，特别是外语能力变量的共同度达 86.2%，说明本书通过因子分析法提取的公共因子反映了原始变量 70%以上的信息，因子分析效果良好。

表 5-3　公因子方差

指标	初始	提取
知识应用能力	1.000	0.801
解决问题能力	1.000	0.761
外语能力	1.000	0.862
创新能力	1.000	0.735
应变能力	1.000	0.796
人际沟通能力	1.000	0.799
计算机能力	1.000	0.777
团队协作能力	1.000	0.790
抗压能力	1.000	0.697
学习新知识能力	1.000	0.794
获取信息能力	1.000	0.756
职业纪律性	1.000	0.787

资料来源：笔者分析整理。

本书以因子分析法的累计方差贡献率大于 60%为标准来确定所选取公共因子的个数，根据表 5-4，对于"企业对中蒙经贸合作适切性人才需求"系统来说，可以选择 2 个公共因子，因子 1 的方差贡献率为 53.025%，因子 2 的方差贡献率为 24.931%，累计方差贡献率为 77.956%。继续采用回归法得到各公共因子的得分系数，根据表 5-5，进一步计算出公因子得分。

表 5-4　解释的总方差及方差贡献率

成分	初始特征值			提取平方和载入			旋转平方和载入		
	合计	方差的%	累计%	合计	方差的%	累计%	合计	方差的%	累计%
1	8.429	70.241	70.241	8.249	70.241	70.241	6.363	53.025	53.025
2	0.926	7.715	77.956	0.926	7.715	77.956	2.992	24.931	77.956
3	0.474	3.946	81.902						
4	0.375	3.123	85.025						
5	0.345	2.871	87.896						
6	0.286	2.379	90.275						
7	0.245	2.045	92.320						
8	0.233	1.942	94.262						
9	0.189	1.579	95.841						
10	0.182	1.520	97.360						
11	0.170	1.414	98.775						
12	0.147	1.225	100.000						

资料来源：笔者分析整理。

表 5-5　成分得分系数矩阵

指标	成分	
	1	2
知识应用能力	0.895	−0.005
解决问题能力	0.868	−0.085
外语能力	0.611	0.699
创新能力	0.819	0.252
应变能力	0.890	−0.060
人际沟通能力	0.870	−0.207
计算机能力	0.7910	0.389
团队协作能力	0.882	−0.111
抗压能力	0.808	−0.211
学习新知识能力	0.861	−0.228
获取信息能力	0.868	0.046
职业纪律性	0.854	−0.240

资料来源：笔者分析整理。

因子综合得分为两个因子的方差贡献率分别与各自因子得分乘积之和。首先，得出"企业对中蒙经贸合作适切性人才需求"系统各因子得分；其次，确定各公因子权重，计算因子加权总分。本书仅从数量上考虑各公因子的权重，相对权数分别通过各因子的方差贡献率得到，最终得到"企业对中蒙经贸合作适切性人才需求"系统综合水平的表达式：

$$f_{(D)} = \frac{0.53025}{0.77956}f_{1,D} + \frac{0.24931}{0.77956}f_{2,D} \tag{5-11}$$

对于"高校对中蒙经贸合作适切性人才培养效果"系统来说，由表5-6可知所有原始变量的共同度大多在60%以上，仅有专业课知识收获能力变量和外语能力变量的共同度为49.1%和53.7%，表明所提取的公共因子基本反映了60%以上的原始变量信息，因子分析效果良好。

表5-6　公因子方差

指标	初始	提取
专业课知识收获能力	1.000	0.491
解决问题能力	1.000	0.654
外语能力	1.000	0.537
创新能力	1.000	0.737
灵活应变能力	1.000	0.681
人际交往能力	1.000	0.702
计算机操作能力	1.000	0.730
团队合作能力	1.000	0.797
自学能力	1.000	0.743
批判性思维能力	1.000	0.661
信息收集能力	1.000	0.745
树立正确的人生观、价值观	1.000	0.765

资料来源：笔者分析整理。

由表5-7可知，可以选择2个公因子，因子1的方差贡献率为56.760%，因子2的方差贡献率为11.913%，累计方差贡献率为68.673%，满足累计方差贡献率大于60%的要求，采用回归法计算出公因子的得分，如表5-8所示。

表 5-7　解释的总方差及方差贡献率

成分	初始特征值			提取平方和载入			旋转平方和载入		
	合计	方差的%	累计%	合计	方差的%	累计%	合计	方差的%	累计%
1	7.141	59.509	59.509	7.141	59.509	59.509	6.811	56.760	56.760
2	1.100	9.164	68.673	1.100	9.164	68.673	1.430	11.913	68.673
3	0.855	7.128	75.801						
4	0.619	5.156	80.957						
5	0.444	3.700	84.657						
6	0.404	3.369	88.026						
7	0.348	2.898	90.924						
8	0.287	2.388	93.312						
9	0.257	2.143	95.455						
10	0.233	1.944	97.399						
11	0.205	1.708	99.106						
12	0.107	0.894	100.000						

资料来源：笔者分析整理。

表 5-8　成分得分系数矩阵

指标	成分	
	1	2
专业课知识收获能力	0.001	0.351
解决问题能力	0.090	0.107
外语能力	0.143	-0.180
创新能力	0.158	-0.159
灵活应变能力	0.123	-0.019
人际交往能力	0.111	0.038
计算机操作能力	0.143	-0.091
团队合作能力	0.072	0.220
自学能力	0.143	-0.084
批判性思维	0.133	-0.071
信息收集能力	0.096	0.114
树立正确的人生观、价值观	-0.166	0.769

资料来源：笔者分析整理。

"高校对中蒙经贸合作适切性人才培养效果"系统的综合水平表达式为：

$$g_{(D)} = \frac{0.56760}{0.68673}g_{1,D} + \frac{0.11913}{0.68673}g_{2,D} \tag{5-12}$$

在计算出每个样本的综合水平得分后，分别对两系统中样本的综合水平得分取均值，最终得到各系统的综合水平得分，进而得到中蒙经贸合作——中国人才供求适切性耦合协调度，如表5-9所示。

表 5-9　综合水平得分和耦合协调度

$f_{(D)}$	$g_{(D)}$	比较	耦合协调度	协调等级
0.000736	0.000869	$f_{(D)} < g_{(D)}$	0.020003	极度失调

资料来源：笔者分析整理。

由表5-9可知，"企业对中蒙经贸合作适切性人才需求"系统综合水平得分为0.000736，"高校对中蒙经贸合作适切性人才培养效果"系统综合水平得分为0.000869，两者的得分均大于0，但"企业对中蒙经贸合作适切性人才需求"系统的得分略低于"高校对中蒙经贸合作适切性人才培养效果"系统的得分，进一步得到耦合协调度$D_{(D)}$为0.020003，根据耦合协调度等级划分标准，为极度失调。

5.3.2.2　中蒙经贸合作——蒙古国人才供求耦合协调度研究设计与分析

根据对蒙古国的问卷调查数据，"企业对中蒙经贸合作适切性人才需求"系统与"高校对中蒙经贸合作适切性人才培养效果"系统的KMO值分别是0.869和0.783，适用于因子分析法，巴特利特球形检验近似卡方值均较大，sig值均为0，拒绝单位矩阵的原假设。因此，本书选取的变量数据适合使用因子分析法。

对于"企业对中蒙经贸合作适切性人才需求"系统来说，由表5-10可知，可以选择4个公因子（累计方差贡献率大于60%），因子1的方差贡献率为24.971%，因子2的方差贡献率为17.382%，因子3的方差贡献率为14.339%，因子4的方差贡献率为8.826%，4个公因子的累计方差贡献率为65.517%。

表 5-10　解释的总方差及方差贡献率

成分	初始特征值			提取平方和载入			旋转平方和载入		
	合计	方差的%	累计%	合计	方差的%	累计%	合计	方差的%	累计%
1	4.610	38.416	38.416	4.610	38.416	38.416	2.996	24.971	24.971
2	1.300	10.836	49.252	1.300	10.836	49.252	2.086	17.382	42.353
3	1.052	8.766	58.018	1.052	8.766	58.018	1.721	14.339	56.691
4	0.900	7.499	65.517	0.900	7.499	65.517	1.059	8.826	65.517
5	0.763	6.359	71.876						
6	0.649	5.409	77.285						
7	0.611	5.091	82.376						
8	0.543	4.528	86.904						
9	0.474	3.947	90.851						
10	0.417	3.478	94.330						
11	0.346	2.880	97.209						
12	0.335	2.791	100.000						

资料来源：笔者分析整理。

由表 5-11 可知，因子 1 包含知识应用能力变量、应变能力变量、获取信息能力变量、学习新知识能力变量、团队协作能力变量、解决问题能力变量；因子 2 包含外语能力变量、计算机能力变量、创新能力变量；因子 3 包含职业纪律性变量和抗压能力变量；因子 4 包含人际沟通能力变量。

"企业对中蒙经贸合作适切性人才需求"系统综合水平得分的表达式：

$$f_{(F)} = \frac{0.24971}{0.65517}f_{1,F} + \frac{0.17382}{0.65517}f_{2,F} + \frac{0.14339}{0.65517}f_{3,F} + \frac{0.08826}{0.65517}f_{4,F} \qquad (5-13)$$

关于"高校对中蒙经贸合作适切性人才培养效果"系统方面，如表 5-12 所示。

由表 5-12 可知，可以选择 5 个公因子，因子 1 的方差贡献率为 16.987%，因子 2 的方差贡献率为 15.974%，因子 3 的方差贡献率为 13.321%，因子 4 的方差贡献率为 10.577%，因子 5 的方差贡献率为 9.570%，5 个公因子的累计方差贡献率为 66.429%。

表 5-11　旋转成分矩阵

指标	成分			
	1	2	3	4
知识应用能力	0.806	0.152	0.121	0.095
应变能力	0.756	−0.001	0.134	0.148
获取信息能力	0.749	0.339	−0.024	−0.076
学习新知识能力	0.572	0.173	0.470	−0.030
团队协作能力	0.500	0.162	0.387	0.088
解决问题能力	0.492	0.459	0.387	−0.142
外语能力	0.192	0.821	0.042	0.136
计算机能力	0.119	0.792	0.170	0.089
创新能力	0.402	0.446	0.412	−0.354
职业纪律性	−0.060	0.362	0.713	0.008
抗压能力	0.399	−0.143	0.671	0.162
人际沟通能力	0.143	0.172	0.090	0.903

资料来源：笔者分析整理。

表 5-12　解释的总方差及方差贡献率

成分	初始特征值			提取平方和载入			旋转平方和载入		
	合计	方差的%	累计%	合计	方差的%	累计%	合计	方差的%	累计%
1	3.910	32.587	32.587	3.910	32.587	32.587	2.038	16.987	16.987
2	1.308	10.901	43.488	1.308	10.901	43.488	1.917	15.974	32.961
3	1.010	8.419	51.907	1.010	8.419	51.907	1.599	13.321	46.282
4	0.906	7.552	59.458	0.906	7.552	59.458	1.269	10.577	56.859
5	0.836	6.971	66.429	0.836	6.971	66.429	1.148	9.570	66.429
6	0.775	6.459	72.887						
7	0.757	6.310	79.198						
8	0.697	5.806	85.003						
9	0.575	4.795	89.798						
10	0.512	4.264	94.062						
11	0.457	3.812	97.874						
12	0.255	2.126	100.000						

资料来源：笔者分析整理。

由表 5-13 可知，因子 1 包含自学能力变量、解决问题能力变量、计算机操作能力变量、人际交往能力变量；因子 2 包含批判性思维变量、创新能力变量和灵活应变能力变量；因子 3 为外语能力变量、信息收集能力变量、团队合作能力变量；因子 4 包含树立正确的人生观、价值观变量；因子 5 包含专业课知识收获能力变量。

表 5-13　旋转成分矩阵

指标	成分				
	1	2	3	4	5
自学能力	0.770	0.039	0.121	0.200	−0.096
解决问题能力	0.632	0.463	0.058	−0.226	−0.190
计算机操作能力	0.597	0.080	0.300	0.111	0.271
人际交往能力	0.573	0.294	0.133	0.258	0.273
批判性思维	0.242	0.779	−0.042	0.071	0.077
创新能力	0.057	0.755	0.326	0.005	0.062
灵活应变能力	0.035	0.570	0.389	0.330	0.257
外语能力	0.142	0.273	0.770	−0.194	−0.050
信息收集能力	0.447	0.026	0.587	0.299	0.355
团队合作能力	0.218	0.087	0.523	0.399	−0.119
树立正确的人生观、价值观	0.172	0.076	−0.002	0.824	−0.104
专业课知识收获能力	0.039	0.128	−0.032	−0.141	0.852

资料来源：笔者分析整理。

采用回归法计算出各个样本在公共因子的得分后，得到"高校对中蒙经贸合作适切性人才培养效果"系统综合水平得分表达式：

$$g_{(F)} = \frac{0.16987}{0.66429}g_{1,F} + \frac{0.15974}{0.66429}g_{2,F} + \frac{0.13321}{0.66429}g_{3,F} + \frac{0.10577}{0.66429}g_{4,F} + \frac{0.09570}{0.66429}g_{5,F} \quad (5-14)$$

最终蒙古国的"企业对中蒙经贸合作适切性人才需求"系统和"高校对中蒙经贸合作适切性人才培养效果"系统的综合水平得分如表 5-14 所示。

表5-14 综合水平得分

f$_{(F)}$	g$_{(F)}$	比较	耦合协调度	协调等级
0.000249	0.000057	f$_{(F)}$>g$_{(F)}$	0.007712	极度失调

资料来源：笔者分析整理。

由表5-14可知，"企业对中蒙经贸合作适切性人才需求"系统的综合水平得分为0.000249，"高校对中蒙经贸合作适切性人才培养效果"系统的综合水平得分为0.000057，两者的得分均大于0，但"企业对中蒙经贸合作适切性人才需求"系统综合水平得分略高于"高校对中蒙经贸合作适切性人才培养效果"系统，进而得到耦合协调度D$_{(F)}$为0.007712，根据耦合协调度等级划分标准，为极度失调。

5.3.3　中蒙经贸合作适切性人才供求动态均衡结果

从耦合协调度结果来看，中国企业对中蒙经贸合作适切性人才需求方面系统综合水平得分略低于高校中蒙经贸合作适切性人才培养效果系统综合水平的得分，而蒙古国企业对中蒙经贸合作适切性人才需求方面系统综合水平得分则高于高校中蒙经贸合作适切性人才培养效果系统综合水平的得分，分结果的耦合协调度等级均为极度失调，适切性水平极低，且蒙古国人才供求适切性的耦合协调度要低于中国的耦合协调度，说明蒙古国高校毕业生经过学校现阶段培养体系和实践课程培养训练后效果仍达不到企业对应届毕业生和缺少工作经验的高校毕业生的要求，即两国企业与高校对中蒙经贸合作适切性人才的供给和需求并没有形成良好的匹配效果。因此，高校对中蒙经贸合作适切性人才的培养仍需经过系统化课程改革等方式来进一步加强培养效果。

高校对中蒙经贸合作适切性人才的培养效果是否与开展中蒙经贸合作的各企业的人才需求一致，培养出的适切性人才所掌握的知识、技能与具备的能力是否与企业岗位需求相切合，这对中蒙经济走廊建设和中蒙经贸合作有直接的影响。高校对中蒙经贸合作适切性人才的培养内容包括高校设置的"蒙汉"双语教学课程、教学目标、授课内容、相关专业教材的选定。以经济学和管理学专业毕业生为条件对高等教育经历调查问卷进行筛选，在此基础上，从企业需求与毕业生高等教育经历两个角度出发，分析高校对中蒙经贸合作适切性人才的培养效果与企业需求是否适切。结合问卷中设置的问题，即工作所需是否与被调查者在学校学习的知识、技能与获得的能力相匹配，从中国与蒙古国两个角度分别进行分析。了解中蒙经贸合作适切性人才在工作中是否能够充分运用知识与技能，在学校获得的能力是否满足企业需求，得出的结论可以有助于高校调整培养方案，设计更加完善的课程与活动，提高学生的实践能力，与企业对中蒙经贸合作适切性人才的需求相切合，提升中蒙经贸合作适切性人才的就业优势。

5.3.3.1　中蒙经贸合作——中国适切性人才供求动态均衡结果

中国企业回收的有效问卷样本量为 516 份。根据国内被调查企业的数据，不同企业未来三年内对中蒙经贸合作适切性人才的需求数量方面，有 26.55% 的被调查企业需要 10 人以上，16.08% 的被调查企业需要 5 人以下，44.42% 的被调查企业的需求数量暂不确定；62.6% 的被调查企业表示会通过人才引进的方式到高校招聘毕业生，56% 的被调查企业表示每年都会招聘毕业生，仅有 38.37% 的被调查企业对招聘的中蒙经贸合作适切性人才无工作经验要求，而 31% 的被调查企业要求被招聘人才拥有 2~3 年的工作经验。企事业单位对中蒙经贸合作适切性人才的需求量很大（陶克涛等，2021），但大部分企事业单位更喜欢聘用具有丰富实践经验和动手操作能力强的专业人才，也就是说，高校在对中蒙经贸合作适切性人才培养中切实做到了校企结合，为高校学生提供了更多的实践机会，提高了高校毕业生的竞争力。

整体来看，42.44% 的被调查企业认为招聘的应届毕业生缺少对企业岗位的了解和专业知识不足，37.98% 的被调查企业认为招聘的应届毕业生对社会缺乏了解，19.57% 的被调查企业认为招聘的应届毕业生能力不足，并且 3.86% 的被调查企业对进入该企业的大学生的工作表现不太满意。由此可知，在被调查企业中，绝大多数企业认为高校应届毕业生缺少对企业专业知识的掌握和对社会的认知，其原因是高校当前对中蒙经贸合作适切性人才培养的课程设置、培养目标与企业的需求存在偏差，高校在进行人才培养过程中过多重视传统知识和理论课程内容的讲授，对大学生等实践课程要求不严格，并未引起大学生对专业操作的重视，学生的实践操作能力并未得到明显的提升。

针对中国高校培养效果的有效问卷样本量共 197 份，继续筛选出所学专业为经济学与管理学的被调查者共 106 份问卷数据。其中，42.45% 的高校毕业生认为工作所需要的知识多于在学校所学的知识，33.01% 的高校毕业生认为在学校获取的知识多于企业工作所需，只有 24.52% 的高校毕业生认为在高校获取的知识与企业所需相匹配。对于经济学和管理学专业的高校毕业生来说，40% 的高校毕业生认为在学校获得的知识少于企业工作所需，高校理论课程的知识难以应用到工作中去。在所学技能匹配方面，47.16% 的高校毕业生认为工作所需技能要多于在学校获得的技能，28.3% 的高校毕业生认为工作所需技能要少于在学校获得的技能，24.52% 的高校毕业生认为工作所需技能与在学校获得的技能相匹配。大部分被调查的高校毕业生认为自己通过学校提供的实习或实操机会而获得的技能尚不能满足工作所需。23.58% 的高校毕业生认为在工作中缺少创新能力，20.75% 的高校毕业生缺少人际沟通能力，19.81% 的高校毕业生缺少解决问题的能力，多数已经就业的经济学和管理学专业的高校毕业生认为实际工作中无须过多的专业理论知识，然而工作需要的专业技能并不是仅仅通过学校的实践课程就能掌握的。

可以看出，高校对学生的培养内容与企业所需不适切，存在失衡现象。高校的人才培养课程设置过于注重经典理论知识教学，忽视了教学的实践性，导致学生只是学习课程内容，缺乏实践能力，在进入工作岗位后，无法将理论知识应用到实践中，造成高校应届毕业生无法胜任工作岗位。

5.3.3.2 中蒙经贸合作——蒙古国适切性人才供求动态均衡结果

蒙古国企业回收的有效问卷样本量为 241 份。在未来三年内对中蒙经贸合作适切性人才的需求量方面，32.36% 的被调查企业表示需要 5 人左右，42.43% 的被调查企业要求被招聘的员工拥有 2~3 年的工作经验，45.79% 的被调查企业认为应届毕业生缺乏对企业岗位的了解和专业知识不足，14.28% 的被调查企业表示应届毕业生对社会缺乏了解，39.91% 的被调查企业表示高校应届毕业生能力不足。

针对蒙古国高校培养效果发放的问卷数量为 286 份，有效问卷数量为 280 份，有效率达到了 97% 以上，首先筛选出目前工作与所学专业对口的被调查者，样本量为 228 份，然后筛选出财经类专业的被调查者数据。在被调查者中，59.09% 的高校毕业生认为企业所需知识与学校获取知识相匹配，27.27% 的高校毕业生认为企业所需知识多于在学校获取的知识，13.64% 的高校毕业生认为学校所学知识要多于企业所需。由此可知，大部分的蒙古国高校毕业生认为在工作中可以充分利用在学校中获取的专业知识。在获取技能匹配方面，24.44% 的高校毕业生认为工作所需技能多于在学校获得的技能，15.6%的高校毕业生认为工作所需技能要少于在学校获得的技能，60%的毕业生认为两者匹配。在学校锻炼获得实践能力方面，21.73%的毕业生认为工作所需要的能力多于在学校锻炼获得的能力，15.21%的毕业生认为工作所需要的能力少于在学校锻炼获得的能力，63.04%的毕业生认为两者匹配。大部分蒙古国毕业生认为学校开设课程与提供的实践机会对工作帮助较大，可以满足实际工作需要，适切性较好，不存在较严重的失衡现象。

　　通过比较中国高校与蒙古国高校的人才培养方案对学生就业后的影响可知，蒙古国高校在人才培养的课程设置与企业的需求相切合，人才供需适切性更好；反之，中国高校的中蒙经贸合作适切性人才培养方案调整是亟须解决的问题，为提高国内中蒙经贸合作人才供求适切性，各高校应该以满足社会需求为目的来安排课程，培养适应市场需求的适切性人才，加强对学生实践技术能力的考核力度，提升学生的操作能力和实践动手能力。

5.4　中蒙经贸合作适切性人才供求动态均衡机理

　　通过以上对人才培养效果是否与企业需求适切进行的分析可知，导致人才供求失衡的主要原因是高校没有把握市场需求，培养出的人才缺乏社会适应性，学生的能力不能与经济社会发展的需要相适切，缺少实践经验，从而造成高校毕业生"一毕业就失业"的现象。然而造成这种现象，高校、学生及企业均有不可推卸的责任。从高校的人才培养、企业的用人观念及学生自身的发展三个方面出发，对现存问题进行分析，有利于缓解中蒙经贸合作中人才供求不适切的问题。

5.4.1　中蒙经贸合作适切性人才供求动态均衡影响因素

　　在中蒙贸易合作背景下，双语高素质人才市场是实现中蒙经贸合作适切性人才资源合理配置的主要手段。双语高素质人才市场发育越完善，人才资源配置就越有效，各高校的人才培养与企业需求对接就越容易。由于劳动力市场的信息系统不完善，市场对人才的需求信息不能及时传递给高校，从而增加了各高校对经济类、管理类专业课程调整和培养目标设定的难度，这也是导致高校人才培养与市场需求错位的重要原因。

5.4.1.1　培养人才方面的问题

各高校是培养中蒙经贸合作适切性人才的重要主体，但在培养人才方面存在专业设置趋同、理论课程多、实训基地建设和实践教学环节薄弱等问题。

（1）专业设置趋同。

在市场经济条件下，高校在专业设置和调整方面有了更大的自主权（邓岳敏，2009）。各高校纷纷设立所谓的热门专业吸引生源，但忽略了市场对该企业劳动力的需求是有限的，使大量中蒙经贸合作适切性人才不能顺利就业或不得不从事与专业无关的工作，进而降低了人才就业质量和各高校的人才培养效果。

（2）理论课程多。

对人才的培养要落实到课程上，课程门类设置是否合理、教学内容是否能够反映时代发展的需要都直接影响到对适切性人才培养的质量，然而不少高校考虑到学校的师资状况和教学成本，通常以理论课程取代实践课程，造成理论课程数量居高不下，但学生从中获益较少。也正是因为学生在理论课中的收获不大，所以尽管学习了很多理论知识，但理论知识仍不能满足他们将来工作的需要。在对我国学生的调查中，14.49%的被调查者认为对专业课程的学习使其收获不大，39.13%的被调查者认为专业课设置对其影响不大；在对蒙古国学生的调查中，2.84%的被调查者认为其在学校的专业课学习中收获较少，67.04%的被调查者认为可以从专业课学习中收获很多。在我国经济学与管理学专业对口的被调查者中，有51.04%的被调查者认为在校期间所学课程对其从事的工作帮助较小或一般。在蒙古国经济学与管理学专业对口的被调查者中，63.05%的被调查者认为在校期间所学课程对其从事的工作帮助较小或一般，36.95%的被调查者认为在校期间所学课程对其从事的工作有较大的帮助。学生从理论课学习中的收获普遍不大，这主要是因为高校的许多理论课程过分强调理论的系统性和完整性，较少考虑学生对理论"必需"和"实用"的要求，而且不少高校的专业课教学内容"过深、过难"，再加上不少高校学生的理论学习动机不强，因此学生感觉对理论课的学习并不能收获很多知识。

（3）实训基地建设和实践教学环节薄弱。

企业对适切性人才的动手能力和实践能力的要求较高，高校对中蒙经贸合作适切性人才的培养是为中蒙经贸合作提供应用型人才，而中蒙经贸合作适切性人才的动手能力和实践能力培养主要是通过开展实践教学来完成的。在对中国学生的调查中，18.84%的被调查者认为学校开展的实践课程对自身发展帮助较少，46.37%的被调查者认为从学校开办的实践课程中收获一般，仅有34.78%的被调查者认为自己从学校开办的实践课程中收获较多；在对蒙古国学生的调查中，5.68%的被调查者认为在学校设置的实践课程中收获较少，69.31%的被调查者认为在学校实践课程中收获较多。虽然蒙古国被调查学生认为课程设置与实践课程较为合理，但蒙古国适切性人才的供求也处于极度失调状态，说明我国和蒙古国的专业课程设置、实践课程设置与中蒙经贸合作适切性人才市场的需求并不适切。

高校对经济类、管理类专业课程设置趋同，实习与实训基地建设不理想等问题，归根结底是各高校面向市场办学的意识不足，不能及时捕捉劳动力市场对中蒙经贸合作适切性人才需求变化的信息，不能及时调整培养方案和课程计划。由企事业用人单位、已经毕业的中蒙经贸合作适切性人才和与中蒙经贸合作相关的中介机构组成高校培养质量评价组织，将各高校能够获得的经费与其对人才的培养质量挂钩，这样便能促进各高校关注市场对适切性人才的需求变化，及时调整经济类和管理类专业课程计划安排和培养目标。

5.4.1.2　留住人才方面的问题

企业要想开展中蒙经贸合作、不断提升竞争力，就需要适切性人才来提升企业的管理效率，制定激励和监管措施，最大限度地激发中蒙经贸合作适切性人才的潜能。对于高校经济学、管理学专业的学生来说，其更需要的是实现自身价值的平台。因此，人才更看重工作能否实现自身价值与得到社会的认可。

收入与待遇是留住人才的条件。调查中显示收入低、待遇不符合期望是中蒙经贸合作适切性人才流失的主要原因。对经济学与管理学专业对口的被调查者中，我国有35.85%的被调查者认为在找工作中会因预期待遇与实际待遇不符而放弃就业机会；蒙古国有35.56%的被调查者认为在找寻工作中会因预期待遇与实际待遇不符而放弃就业机会。对于经济学与管理学专业对口的被调查者中，我国仅有35.85%的被调查者在过去5年内没有换过工作，有54.72%的被调查者在过去 5 年内换过 1~3 次工作，9.43%的被调查者在过去 5 年内换过 3 次以上工作；蒙古国有 72.34%的被调查者在过去 5 年内从来没有换过工作，25.53%的被调查者在过去 5 年内换过 1~3 次工作，2.13%的被调查者在过去 5 年内换过 3 次以上工作。可以看出，中蒙经贸合作适切性人才获得的收入、待遇与其期望值还存在一定的差距，所以中蒙经贸合作适切性人才的流动性比较大。

地区的人才保障机制对留住适切性人才意义重大，地区经济实力也是留住人才的重要因素，地区经济实力是该地区人才保障机制顺利实施的重要条件。中蒙经贸合作适切性人才的自身特点决定其在选择工作时更关注自身价值能否实现等因素，地区的人才政策是高校毕业生实现自身价值、获得社会认可的核心保障。地区对中蒙经贸合作适切性人才政策的完备程度体现出该地区对人才的重视程度。经济实力越高、政策越完备，越能留住适切性人才，并可解决适切性人才的后顾之忧，使其安心工作，实现自身价值。

5.4.2 中蒙经贸合作适切性人才供求对接机制

政府要肩负起建立中蒙经贸合作适切性人才供求对接机制的职责，为高校与企事业单位搭建合作的桥梁，负责中蒙经贸合作适切性人才培养战略的落实，充分调动中蒙经贸合作企业参与高校人才实践活动的积极性，制定出相关的法律法规与人才激励制度，明确企业、学校等在中蒙经贸合作适切性人才供求对接机制中的责任与义务，制定相关的考核政策（宋丽芳和高鹏，2015）。通过以上对我国和蒙古国经贸合作人才的供求适切性模型建立与结果的分析，从高校人才培养、学生自身发展与企业用人观念三方面构建了中蒙经贸合作人才供求对接机制，以期缩小高校的人才培养与市场人才需求的偏差，如图 5-1 所示。

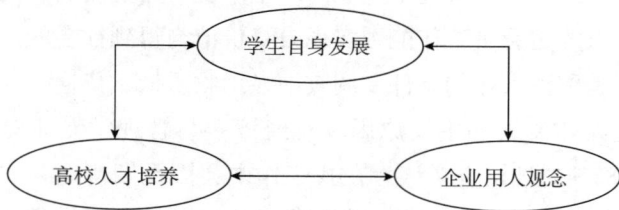

图 5-1 中蒙经贸合作人才供求对接机制

资料来源：笔者绘制。

5.4.2.1　中蒙经贸合作适切性人才供求对接机制问题

（1）高校人才培养问题。

第一，找准中蒙经贸合作适切性人才培养的市场定位。高校作为主要的中蒙经贸合作适切性人才培养单位，在专业设置、课程安排、教学内容选择等方面都应根据劳动力市场的变化及时调整，然而许多高校缺乏真正面向市场办学的意识和能力，使人才培养难以适应市场变化的需要。中蒙经贸合作产业的创新发展需要提高中蒙经贸合作适切性人才培养的质量，强调从中蒙经贸合作产业的市场定位出发，大力培养适切性和应用型人才，满足中蒙经贸合作产业管理、经营与服务方面对技术人才的需要。大力培养具有高水平能力的适切性人才，解决高素质水平的中蒙经贸合作适切性人才供给不足问题，并且对中蒙经贸合作适切性人才培养进行精准定位，针对各地区对中蒙经贸合作适切性人才的实际供求情况创新人才培养模式，基于中蒙经贸合作产业增长的内生动力来提高人才培养质量，开展跨学科课程、专业实践课程和校企一体化实践课程的建设，推动高校毕业生超前就业，达到有效培养中蒙经贸合作适切性人才的目标。

第二，完善中蒙经贸合作适切性人才的培养机制。中蒙经贸合作人才培养应当从贸易文化出发，开辟中蒙经贸合作适切性人才实训基地，提高人才培养的质量。企业是培养中蒙经贸合作适切性人才的重要渠道，地方高校是教书育人与学术研究的重要场所，两者在中蒙经济走廊建设中肩负着重大的使命，无论是企业角度还是高校角度都应该加强合作，共同培养出符合中蒙两国贸易合作需要的高素质适切性人才，推动中蒙经济走廊的建设与发展。校企合作的中蒙经贸合作适切性人才供求对接机制主要包括"订单式"校企对接机制人才培养模式和"企业式"校企对接机制人才培养模式（宋丽芳和高鹏，2015）。整合各类社会教育资源，通过技术操作的线上授课、企事业单位短期培训等模式，弥补中蒙经贸合作适切性人才未来从业中的专业技术能力不足等问题，引导中蒙经贸合作适切性人才成长发展，更好地发挥应用型人才对中蒙经贸合作的作用。通过中蒙经贸合作企业参与制定高校的中蒙经贸合作适切性人才培养方案、共同研讨提升中蒙经贸合作适切性人才专业技术能力，拓宽学习路径，增强高校对中蒙经贸合作适切性人才培养的前瞻性，使高校切实为开展中蒙经贸合作培养出具有实践能力的适切性人才（丁宁，2021）。

首先，实施"订单式"校企对接机制人才培养模式。"订单式"校企对接机制人才培养模式指中蒙经贸合作企业根据自身对中蒙经贸合作适切性人才的需求情况，制定出该企业岗位的中蒙经贸合作"人才订单"，反馈给高校，高校再根据其制定的中蒙经贸合作"人才订单"来定向培养出时代要求的、符合企业标准的中蒙经贸合作适切性人才，在此方式下培养的毕业生只要通过企事业单位的相关考核就可以入职。"订单式"人才培养模式是高校的校企对接机制人才培养战略中重要的合作模式之一。高校应充分把握住校企合作模式的优越性，进一步健全相关政策，拓宽合作领域，设立中蒙经贸合作"人才订单"培养班，加强与中蒙经贸合作企业的合作力度。

其次，"企业式"校企对接机制人才培养模式。"企业式"校企对接机制人才培养模式指将"企业模式"应用于中蒙经贸合作适切性人才实训基地。将教师与培养对象分送到各个实训实习基地，充分利用实训基地技术与设备资源，帮助学生将理论知识应用到实际，提升实际操作的技术与能力。通过"企业式"校企对接机制的人才培养模式，帮助学生感受中蒙经贸合作企事业单位的工作氛围，体验岗位的工作节奏与工作量，增强培养对象就业的竞争力。建立良好的"企业式"校企对接机制人才培养模式，需要企业与高校的共同努力来完善合作基地建设，促进中蒙经贸合作。

第三，完善数据平台建设。首先，要完善校本数据平台建设，校本数据平台与校内业务管理系统对接，将中蒙经贸合作适切性人才数据进行实时采集、实时更新，在满足高校对中蒙经贸合作适切性人才教育教学管理监测需求的同时，还可以为高校制定中蒙经贸合作适切性人才培养方向等决策提供科学的数据支持，促进高校教育教学管理水平的提升。其次，要完善企业单位用人信息反馈平台，高校应搭建与企事业单位之间的联系沟通渠道，利用邮箱、QQ、微信等网络平台收集企事业单位对中蒙经贸合作适切性人才的信息反馈，保障信息传达的迅捷、精准、高效，及时根据企事业单位的需求，优化人才培养目标，制定模块化课程，调整理论与实践教学的比重，最大限度地激发中蒙经贸合作适切性人才的创新能力与实践能力，完善人才市场的选择机制，并且根据市场需要修订长期和短期人才培养方案。

（2）学生自身发展问题。

第一，注意与企业文化的完美对接。学生可以通过专家讲座，或者分享已经参加工作的毕业生的工作经验，感受企业文化和了解企事业单位工作内容，提高自身对中蒙经贸合作企业岗位的适应性。同时，学生也要积极参与学校与企业主办的创新创业大赛与操作技能大赛，充分展示自己的能力与闪光点，使企业发现自己的优点与专业技能，使自己能够更好地就业。

第二，按照职业标准要求自己。学生也要加强对自身的要求，按照企业岗位的职业能力标准要求自己（蒋新萍和施新平，2019）。在对学生的调查中，我国仅有30.43%的被调查对象表示会对自身课程的学习设置较高的要求，对成绩要求不仅是达到及格水平；蒙古国有30.68%的被调查对象对自身的课程学习设置较高的要求，14.2%的被调查对象仅追求课程成绩合格。中蒙两国被调查学生总体上对课程学习的要求并不严格。但是，为了更好地实现就业，学生对理论知识的学习和对技术的掌握需要与岗位要求对接，在实习过程中掌握技术操作，强化专业技能（戴有华等，2013），以确保自身成为符合企业岗位能力要求的适切性人才。

第三，做好职业生涯规划。学生在高校学习期间是否做好职业生涯规划直接影响着其是否可以顺利就业。在对学生的调查中，我国有63.76%的被调查者就经常与教师进行有关职业生涯规划的探讨，而蒙古国仅有39.2%的被调查者经常与教师进行有关职业生涯规划的探讨，其余被调查者在高校学习期间没有进行良好的职业生涯规划。可以看出，经济管理专业的学生可以在与教师的探讨中尝试制定适合自己的职业规划书（彭小萍，2019），根据职业规划去开展就业准备工作，进而在工作中实现自身的职业发展。

（3）企业用人观念问题。

第一，培养员工的"岗位能力"。许多企业把科学知识当作岗位知识，或将文凭当作岗位技能，认为学历越高能力就越强，但企业引入高学历人才和对内部员工开展培训的效果并未达到预期水平。员工能力其实是"岗位能力"——在工作中真正需要的能力。因此，适切性人才要相应地加强"岗位能力"与"建设能力"，企业要加强对内部员工和新入职应届毕业生的工作岗位知识与操作技能培训力度，使员工熟练掌握岗位技能，进而提高工作效率。

第二，建立健全信息交换共享平台。企事业单位要完善相关的信息查询平台（陈燕翎等，2015），让学生有渠道查询、了解各企事业单位对招聘人员的专业知识与技术技能等相关要求，降低因信息不对称导致的企业人才需求与高校人才供给不适切的可能性。

第三，理解和包容应届毕业生。加强企业的社会责任感与培养对象的职业责任感，避免出现培养对象频繁跳槽现象，造成企业单位的成本浪费。企事业单位应给应届毕业生机会，使之能够充分发挥自身的创新能力、学习能力、应变能力。企业要做到理解和包容应届毕业生，让他们清楚地了解自己未来在企业的发展目标及自我要实现的价值；要了解应届毕业生的生活现状，给他们提供发展机会和保护他们的基本权益，将应届毕业生的潜力发挥到最大。

5.4.2.2　高校教育结构与地区产业结构动态均衡

（1）高校教育结构与中蒙经贸合作产业结构相互影响、相互促进。

在高校教育结构与产业结构的关系上，一是中蒙经贸合作的产业结构制约着高校教育结构（段从宇和伊继东和2019），岗位供求变化直接影响着就业市场上劳动力供给的结构。中蒙经贸合作的产业结构变化必然要求高校增设能够更好地服务于中蒙经贸合作产业结构发展要求的学科、专业。二是合理的高校教育结构可以通过满足地区企业开展中蒙经贸合作对不同学科、专业、层次人才的需求反作用于地区产业结构的优化调整。高校专业结构决定了其为中蒙经贸合作企业提供人才的专业构成。中蒙经贸合作企业单位对中蒙经贸合作适切性人才的综合素质要求不断提升，高校对中蒙经贸合作适切性人才的供给在极大程度上影响着中蒙经济走廊的发展，并且高校所培养的中蒙经贸合作适切性人才的综合素质影响着就业市场的人才供给，进而影响中蒙经贸合作的产业结构。随着中蒙经济走廊建设的推进，其岗位人才需求与人才供给间的匹配程度也必将提升。

（2）中蒙经贸合作适切性人才就业率反映供求偏差。

高校为中蒙经贸合作企业提供适切性人才，而企业为毕业生提供就业岗位，通过就业，两者的联系更加紧密。当高校毕业生进入企事业单位的特定岗位时就形成了就业，而在既定的就业岗位需求量和既定的适切性人才供给量水平下，由于市场需求与适切性人才之间的双向选择及其他外部因素的影响，不是所有毕业生都能顺利就业，部分人会因自身原因而无法就业，部分人由于无法达到岗位要求，也无法就业。适切性人才的就业率高低主要取决于人才供给与岗位需求之间的偏差。当供求相当时，就业率相对较高，而当供求相差较大时，尤其是企业对适切性人才的需求低于高校对适切性人才的培养数量时，就业率就相对偏低。为平衡中蒙经贸合作适切性人才的供求，更需要重视中蒙经贸合作适切性人才的就业率，关注影响就业率的因素，及时调整各高校对中蒙经贸合作适切性人才的培养方向，增强所培养的人才与市场需求的适切性。

第**❻**章

中蒙经贸合作适切性人才培养体系、维度与质量研究

通过上述对中蒙经贸合作适切性人才的供需研究发现，人才的供给与需求处于非均衡状态。针对适切性人才的需求，作为供给方的各所高校无法提供满足社会诉求的高质量中蒙经贸合作适切性人才。人才培养如果偏离了社会前进的趋势，就无法为社会提供合适的能够适应时代发展的杰出人才。当前情况下，高校所培养的人才实践能力较差，所掌握的知识较少且工作素养不高，这与社会需求不匹配。因此，为满足中蒙经贸合作适切性人才需要，就必须注重中蒙经贸合作适切性人才培养体系的构建，不仅要回答好"如何培养人"的问题，还要回答好"如何推动培养工作开展"的问题，本章通过对中蒙经贸合作适切性人才培养体系、维度与质量的研究，采用理论分析与实证研究相结合的方法得出结论，要求各高校通过一系列的分析研究达到改善专业课程的质量、优化人才培养路径的目的。

6.1　中蒙经贸合作适切性人才培养概况

自 2013 年以来，我国提出的"一带一路"建设在许多沿线国家和地区取得了巨大的突破，"一带一路"倡议的提出是扩大对外开放的需要，也是加强世界各国联系的需要，更是顺应经济全球化发展和探索人类命运共同体的一大突破。与各国和地区在贸易、科技、人文、投资等多方面达成合作，"一带一路"建设得到了世界各国的广泛关注，逐渐成为国际共识。

中蒙经贸合作有着良好的发展前景，加强经贸合作有利于深化与蒙古国的产业合作，随着经济全球化和区域经济一体化的不断深化，中蒙全面战略合作伙伴

关系更加紧密。构建中蒙经贸合作友好关系，不仅能够扩大中国对蒙古国的开放程度，更有利于加深与蒙古国的产业合作，特别是加深资源能源类产业合作，打造跨境产业集群，充分发挥中蒙经济走廊在中国能源供应运输通道上的重要作用，为国家边境地区开展跨境经济合作探索新路径、总结新经验。

"一带一路"倡议的实施，对各国的人才培养模式提出了更高的要求，对培养经贸合作适切性人才也是一个良好的机遇，中蒙经贸合作提高了对人才的要求，在一定程度上促进了各高校人才培养模式的创新。为了实现"一带一路"倡议，助推中蒙经贸合作发展，培养更多高质量的适切性人才，国家、企业和高校三个层面需共同努力来培养符合中蒙经贸合作要求的适切性人才。

6.1.1　国家层面的中蒙经贸合作适切性人才培养

6.1.1.1　全面贯彻落实中蒙经贸合作适切性人才培养新战略、新举措

随着中蒙经济走廊建设的不断推进，中蒙经贸合作更加密切，在合作过程中对适切性人才的需求逐渐增加，中蒙经济走廊正在积极建设，中蒙之间的合作往来也更加频繁，培养、输送高质量适切性人才可为中蒙之间的长久发展注入新的活力。国家制定适切性人才培养的战略举措，推进人才强国战略的实施，加强对人才培养工作的政治引领，全方位支持人才建设，千方百计造就人才、成就人才。中蒙经贸合作中适切性人才的培养对经贸合作的发展具有重要的推动作用，全球经济竞争离不开高等教育提供的适切性人才，为了进一步促进中蒙经贸合作，国家制定了更完善的人才培养模式，提高了对人才培养的投入。中蒙经贸合作需要适切性人才的驱动，当今新发展阶段的合作要立足于新的发展理念，构建新的发展格局，推动两国合作的高质量发展，加大经贸合作适切性人才培养的力度，大力建设战略人才力量，着力夯实创新发展人才基础。

6.1.1.2　加强中蒙两国高等教育领域的合作，完善中蒙经贸合作适切性人才培养模式与机制

中蒙两国自 1949 年建立外交关系以来，经历了 70 多年的发展历程，虽然在发展过程中有一定的挫折与矛盾，两国在发展教育的过程中不断磨合，教育发展也进入了新的发展阶段，在发展过程中逐渐形成了"你中有我，我中有你"的

文化教育格局。伴随着中国的改革开放进入新的历史时期，中蒙经贸合作进一步走深走实，在经济、文化等领域的合作不断加深，对跨文化学科的适切性人才的需求与日俱增。由于蒙古国经济发展水平较低，蒙古国高校教育发展滞后，对教育的投入相对较少，满足不了适切性人才的需求。在同蒙古国经贸合作过程中，我国积极扩大与蒙古国在教育领域合作的范围，给予一定的政策支持，促进两国的文化进一步融合，为合作的开展提供高质量的人才。在当前合作的关键时期，为了促进两国的进一步合作，我国与蒙古国高校进行教育合作，对高校的教育进行扶持，促进了人才培养模式的完善和创新，在一定程度上也促进了两国教育事业的发展。两国在教育合作过程中打破了外部教育政策的壁垒，营造了教育制度环境，确立了长期有效的教育合作，培育了良好的教育环境。随着经济全球化趋势加速发展，在中蒙两国高等教育领域不断加深交流和合作的背景下，两国开展跨文化的学科教育是必然的选择，也是两国在经济、政治、社会文化等方面发展的需求，两国的教育合作范围不断扩大，为中蒙经贸合作适切性人才的培养提供了有力的保障。

6.1.2　企业层面的中蒙经贸合作适切性人才培养

6.1.2.1　改革企业人才培养模式，为中蒙经贸合作保障人才供给

在国家政策的支持下，联合中蒙经贸合作企业，构建中蒙经贸合作人才培养新机制，加大人才体系的联合构建力度，做好适切性人才培训体系和人才职业规划。随着企业在经营管理过程中逐渐，构建了中蒙经贸合作适切性人才培养的各项规章制度，重视岗位专业能力的提升及人才的培养和管理。随着信息技术的发展和大数据技术的创新，企业逐渐采用更为科学的人才管理和培训方法，从根本上解决人才管理和培训的不足，同时加强企业之间的合作，提供给人才更多的学习交流机会，为中蒙经贸合作保障适切性人才的数量和质量。

6.1.2.2　加强与校企合作，联合培养高质量人才

进入 21 世纪以来，国家之间贸易合作需要大批的高质量人才，企业逐渐与高校合作，联合培养人才，对加快中蒙经贸合作适切性人才队伍建设具有事关大局的战略意义。开展校企合作，建立企业全面参与的人才培养制度，将在更大范

围和更高层次上培养出社会和企业急需的各类人才，有利于经济社会的发展。校企合作意义巨大，其根本目的在于通过和学校建立联系，实现资源共享、优势互补、共同发展。企业和高校联合制定适切性的教育发展方案，积极协助当地政府投资教育发展和基础设施建设，同时联合高校建立教师培训基地，对于精通汉语和蒙古语的教师要着重加强其专业技术知识，以培养更多的中蒙经贸合作适切性人才。

6.1.3　高校层面的中蒙经贸合作适切性人才培养

6.1.3.1　加强中蒙高校互通交流，培养中蒙经贸适切性人才

在"一带一路"建设的背景下，中蒙两国的经济、政治、文化交流不断加深，对高校的教育合作提出了更高的要求，这也是中蒙经贸合作进一步发展的突破口。中国根据教育的发展阶段，适当降低教育合作的门槛，加强与蒙古国院校的合作力度，实现两国教育的共同进步。在教育合作过程中逐渐搭建数字化、信息化的教育平台，打造国际化的网络教育空间，打破区域、行业、时间的限制，在两国之间实现教育资源的共享，促进中蒙高校的合作交流，同时也要加强两国之间的教育论坛和学术会议，积极分享两国高等教育的成就和经验，加强学校之间的信息互换，形成两国的教育联盟，促进教育的共同发展，为中蒙经贸合作培养适切性人才。

6.1.3.2　加强两国教师队伍的建设力度，促进中蒙经贸合作顺利进行

为深入贯彻落实党的十九大精神，促进中蒙经贸合作的顺利进行，必须加强高素质、专业化创新型教师队伍的建设，培养更多精通汉语、蒙古语的师资力量。中蒙经贸合作是"一带一路"建设的重要组成部分，国家加大了对教育行业的投入，制定了两国语言师资队伍的建设目标，推动了中蒙两国教育事业的蓬勃发展。

此外，还要完善教师队伍质量评价体系，中蒙两国在教育教学过程中，建立多元的语言教师队伍质量评估体系，综合考量教师的教学水平；加大对语言型专业教师的激励程度，提升其教学积极性，从而吸引和留住更多的优秀教师。师资队伍的建设要从长远的角度考虑，完善教师激励政策，提供良好的教

学环境，充分调动双语教师的积极性，加强教师队伍的凝聚力，不断提升教学水平和教育理念，促进中蒙经贸合作适切性人才的培养，保证中蒙经贸合作的顺利进行。

6.2　中蒙经贸合作适切性人才培养体系构建与优化

　　培养高质量人才是高校的首要任务，因此，对人才培养体系和模式的探索是深化人才培养任务的关键。本书在"一带一路"倡议的背景下，探讨"如何培养人才""培养怎样的人才"来为中蒙经贸合作添砖加瓦，为建设经济社会做出贡献，推动经济发展。

6.2.1　中蒙经贸合作适切性人才培养体系构建

　　随着高等教育的不断发展，人才培养体系的构建与优化过程越来越成为教育的核心工作。本书认为人才培养体系是由理念体系、目标体系、模式体系、行为体系构成的作用于人才培养过程的有机整体。

　　（1）理念体系。理念的搭建是形成一个系统的基础。理念正确，受理念驱动的系统才能正常运作。人才培养体系的理念能够反映出一所高校的办学理念、教学方法等，高校在培养人才的过程中有清晰的理念可以用来引导工作方向。

　　（2）目标体系。目标是人才培养体系的导向。以目标为指引，才能确定出所要培养的人才类型，如"实用型人才""专业型人才"等。目标体系的搭建反映了高校人才培养的价值取向。

　　（3）模式体系。模式是行动的载体，人才培养模式可以分为广义的人才培养模式和狭义的人才培养模式。广义的人才培养模式是将结构和运行两者结合起来的模式，结构是为学生构建的知识、技能、品质结构，运行是为成功构建这样的结构而建立的机构、方法与规则，包含培养内容、培养方式、培养要求等。狭义的人才培养模式是为学生构建的知识、技能、品质结构，即培养方式。

　　（4）行为体系。行为体系在一定程度上可以被当作人才培养体系的运行体系。大体上由四部分组成：思政工作体系、教育教学体系、支撑保障体系、质量监控体系。其中，思政工作体系贯通整体的人才培养体系；教育教学体系包括专业、课程、教材等；支撑保障体系包括学科、师资、资源、文化、管理等；质量监控体系包括监测、预警、训断和改进等环节，这些要素、环节彼此之间相辅相成，在一定程度上对培养体系有影响甚至起决定作用。

"一带一路"建设及中蒙经贸合作的推进需要一批精通汉语、蒙古语并具有国际视野、熟悉国际规则的适切性人才。因此，我国应鼓励各高校积极完善中蒙经贸合作适切性人才培养体系，顺应新趋势，把握好当下机遇。

6.2.2　中蒙经贸合作适切性人才培养体系优化

高校的核心职能是培养出满足社会需求的各类专业人才。高校在培养人才的过程中，由于培养方法、培养目标等各类内部指标的不同，以及高校所拥有资源的差异，形成了差异化的人才培养模式。人才培养模式是以国家的教育方针和社会需求为指引，对知识、能力等进行传授培养的方式。高校按照社会发展需求，顺应时代趋势，不断对人才培养模式进行改进优化。基于上文的分析，本书主要从以下四个方面分析中蒙经贸合作适切性人才培养模式。

6.2.2.1　优化中蒙经贸合作适切性人才的培养目标

高校对中蒙经贸合作适切性人才的培养目标主要体现在人才的知识、质量和能力方面。当前社会对中蒙经贸合作适切性人才的需求主要源自这些人才精通汉语和蒙古语及建立在两国语言之上的综合素养能够在中蒙经济走廊建设过程中发挥巨大作用。在知识结构方面，这些双语学生不仅能够在两种语言之间切换，并且可以通过运用在学校期间学习到的专业知识来做好工作。在质量结构和能力结构方面，各高校在培养双语人才期间，不仅要注重语言的转换及专业知识的传授，还要把提高学生的实践能力放在重要位置，为学生提供就业创业及职业指导方面的课程，使学生在成为中蒙经贸合作适切性人才的基础上，将其在双语甚至三语之间自由切换的能力最大限度地发挥。在高校注重中蒙经贸合作适切性人才的培养的同时，双语学生也应把握学校对其的重视，利用好学校资源与双语优势，不断创新。

6.2.2.2　以"双主观、双智观"理念为指导，改善教学质量

"双主观"是指在学生的学习过程中，教师和学生都是这一过程的主体。这一理念改变了传统认为的在教学过程中，教师是主体，学生只是知识的接收者的观念。以"双主观"理念为导向，学生应更加看重自己在学习过程中的作用，不再只是被动地学习，而是要在教师创造的良好条件下主动地接受知识，积极思考。"双智观"涵盖了教师和学生在进行教学的过程中所展开的一系列智力或非智力活动。智力活动是观察、想象、记忆、思维和其他包含智力因素的活动。非智力活动是感觉、情感、爱好、意念等包含非智力因素的活动。在教学过程中，教师和学生作为主体开展"双智"活动。为提高学生的积极性，教师应注重以"双主观、双智观"理念为指导，着重增强学生学习的积极性和主动性，从而提高学习质量。

6.2.2.3　改良课堂教学设计，提升教学质量

课堂教学设计是进行教学任务的重要环节。根据教学目标来设计教学，安排合理的教学内容，并且根据不同的学生设计具有不同特色的教学课堂。除此之外，还要设计具有自身特色的教学手段与方法。进行这些工作的最终目标都是得到良好的教学成果，使学生能够在课堂中学有所获，教师队伍要顺应时代潮流，在信息化时代中发掘方式各异、充满趣味又不失严谨的教学方式，使学生的课堂收获最大化。

6.2.2.4　重视语言文化环境，优化高校人才培养方案

在人才培育的过程中，高校应重视语言文化环境与氛围的创造，以学生兴趣为引领，鼓励学生接受双语环境的熏陶。首先，学校在制订培养计划时应以双语授课学生的实际情况为依据，安排适合学生的教学方案及培养计划。尽可能地选择小班教学的模式从而照顾到每一位学生，使每一位学生都可以融入课堂从而提高课堂效率。其次，对于基础薄弱的同学，要增加专业课及数学、英语等基础课的课时。再次，在培养方案的制订过程中，要将教学目标明确化。最后，加强授课过程中的考核监督，鼓励学生将语言学习与专业学习相融合，提高学生的学习热情。

随着中蒙经济走廊建设的不断推进，中蒙经贸合作和文化交流越来越密切，

市场对中蒙经贸合作适切性人才的需求也逐渐增加。各大高校以适切性人才的需求为导向，对不同专业的学生进行课程设置及教学计划的安排，以培养更多的适切性人才服务于中蒙经贸合作的建设。从人才培养方案可以看出，不同国家及不同高校对人才学生培养的要求不同，体现了国家与学校之间在人才培养方面存在差异，妥善解决中蒙经贸合作适切性人才培养的问题，关系到中蒙经贸合作的发展。

6.3　我国高校中蒙经贸合作适切性人才培养维度

在适切性人才培养模式研究理论框架的指导下，在对中蒙经贸合作适切性人才需求与供给现状、特征分析的基础之上，进行中蒙经贸合作适切性人才培养模式维度分析，发现人才培养模式之间存在一定的区别，中蒙经贸合作适切性人才培养模式的主要区别为以下五个维度。

6.3.1　层级维度

中蒙经贸合作适切性人才培养模式的工作机制可以划分为三个层面，分别为宏观层面、中观层面和微观层面。在宏观层面，基于人才培养的视角，中蒙经贸合作适切性人才培养模式作用于整个本科阶段，致力于培养出"德智体美劳"全方位发展的适切性人才。在中观层面，学科教学和专业教学措施体现了大学教育的学科特性，除了知识点传授，也比较注重对学生技能的培养，培养更多的全能型人才服务于中蒙经贸合作。在微观层面，主要包括对于课堂教学、教学组织形式和教学语境的安排，将"复合型、应用型、创新型"人才培养的要求体现在课堂教学过程中。通过分析对比各高校的人才培养模式，可以发现各个模式是对三个层面的结合，但由于各学校对三个层面的侧重点不同，所以最终体现出来的教学模式也各具特色。我国在全国教育大会上提出的人才培养要求与蒙古国培养人才的理念异曲同工，说明中蒙两国在人才培养方面有着相似的观点。

6.3.2　空间维度

空间维度是各高校以学生所选的专业为依据进行的教学单位分类，即班级授课制，并且以所组建的班级作为单位进行后续的教学活动及行政管理。大多数高校越来越注重蒙古语教学人才培养模式的改革，将讲蒙古语和汉语的学生分离开来，实施"分离式"授课模式，这种授课模式在排班方式上有很大的区别：汉语授课学生的高考成绩和所选专业方向被作为分班的重要依据，而蒙古语授课学生被分到蒙古语班的依据主要是其以蒙古语授课方式参加高考。高校在录取学生的过程中实行高等学校招收蒙古语授课考生单列招生计划、单独划定录取分数线、统一招生、统一录取的政策，切实保障蒙古语班学生的教学效果。一部分学生进入高等学校蒙古语授课相应专业，保证蒙古语言文化传承发展和中蒙经贸合作对适切性人才的需求；一部分学生进入高等学校民族班，直接进入汉语授课专业学习，开设大学蒙古语课程，以利于把学生培养成应用型人才。

在蒙古语授课过程中，适当增加一些应用性较强的授课专业，优化课程结构，完善教学方式，提高人才培养的适切性，按照中蒙经贸合作人才培养的目标要求，突破传统的课程设置，修订教学方案，强调适切性人才知识结构的构建，坚持多层次、多渠道、多规格培养蒙古语授课高等学校毕业生，切实提高学生的知识理论水平和科学文化素质，为中蒙经贸合作的进一步发展提供充足的适切性人才。

6.3.3　时间维度

时间维度体现出教学时间（年限）在教学活动中的合理调配。高校根据所处地区的资源状况、人才需求量等设计出合理的人才培养方案。从学制、学分和学时三个方面来加强对中蒙经贸合作适切性人才的培养。

6.3.3.1　按大学学制（教育时间）来安排规划

在大学学习期间，学生的时间会以学年为单位进行划分，并且在每一阶段为学生设置适合的学习目标及相应的教学任务，从而达到培养方案中设定的人才培养目标。在学制设计上，我国多采用 4 年学制，并且为学生提供了 3~6 年提前毕业、休学创业和推迟毕业的弹性学制。在学分设计方面，调查发现我国大部分高校的学分要求约为150分，每学分对应16~18学时。针对目前的中蒙经贸合作适切性人才的需求，高等院校不断推行学分制改革，逐步实行学生自主学习、自主选课的学习模式，同时建立科学的学分互认制度，加强各大院校之间的合作，实现区域之间、高等院校之间、专业之间的资源共享和人才互补，让学生充分享受到良好的教育资源，增加蒙古语授课的学生享受优质教学资源的机会，促进中蒙经贸合作适切性人才的培养效果。

6.3.3.2　依据预科教育与专业教育的时间分配来组织教学

学校根据学生现有的基础知识水平及汉语水平来确定预科教育的时间。按国家相关规定，预科教育时间通常为一年，但各高校可根据实际情况进行调整，可进行学分制试点。因此，通过预科教育和专业教育的不同搭配方式产生了两种教学模式：常规模式和叠加模式。

常规模式是我们常见的也是大多数高校应用的"1+4"教学模式。叠加模式则是根据学生汉语水平和专业能力，对预科教育的一年时间实行延长或缩减。对于能力较强的学生，可以不通过预科教育就直接开始接受本科教育；而对于基础薄弱的学生，由于其无法在一年的预科教育中成功达到专业要求，这时就需要继续进行预科教育。由此产生了3~6年的弹性学制，这种学习模式的实施取决于高校是否能够实现灵活、弹性的学分制度与教学管理制度。

高等院校实施预科教育与专业教育是加快培养中蒙经贸合作适切性人才培养的重要措施，这种预科教育模式加强了学生的素质教育，在强化文化基础知识的同时还训练了基本技能。这种模式本着"加强基础，兼顾专业，突出重点"的原则，制定教育考核制度，监督学生在规定时间内修完预科教学计划所规定的课程，同时以教育教学质量和办学成绩来完善教育评估制度，促进中蒙经贸合作适切性人才的培养。

6.3.4　语境维度

语言是各类教学活动进行的重要载体。营造良好的语言环境，对于蒙古语授课的学生向汉语授课转换具有极大的帮助，可以提高学生的体验，增加其运用汉语的能力。各高校目前主要有以下四种语言教学体系，分别是以汉语为主的语言教学体系，以蒙古语为基础的语言教学体系，以蒙古语、汉语共同作用的双语教学体系及以英语为主的语言教学体系。

在各高校的中蒙语言授课模式中，低年级阶段的公共基础课的教学任务由精通汉语和蒙古语的教师讲授，教材主要是蒙古语教材。整个教学过程秉承蒙古语向汉语逐步转变的原则，帮助学生更快地适应汉语语言环境，提高汉语的运用能力，从而为以后的专业知识学习打下坚实的基础。

汉语和蒙古语的综合运用能力建立在学生的语言知识、语言技能、文化素养等的基础之上，在教学过程中注重学生的实践训练，参与两种语言的课堂教学活动来训练学生的综合语言运动能力，实现两种语言的良好过渡。对于课程教学的设计，提倡教师指导、学生自主构建知识体系，教学设计要遵循学生的语言认知规律，符合学生的身心发展特点，力求最大限度地满足不同类型和不同程度的学生需求，引导学生发现语言现象，掌握语言规律，为构建中蒙经贸合作适切性人才培养体系打下坚实的基础。

6.3.5　专业维度

专业性是高等教育的本质属性。高校的使命就是培养出建设社会所需的专业型人才。这些人才具有足够的能力解决专业领域的相关问题，满足社会的要求。通过对前文各所高校的分析可以看出，对于不同专业的接受蒙古语授课的学生应当建立不同的授课模式。例如，内蒙古大学的专业分流机制、内蒙古财经大学实行先熟悉专业技能后锻炼全面能力的教育规划、内蒙古民族大学根据不同专业特征制定不同的授课和管理模式。其最终目的都是培养出中蒙经贸合作适切性人才。

为了更好地促进中蒙之间的经贸合作，培养更多的适切性人才，各大院校主要从通识教育课、学科基础课、专业主干课（专业必修课）、专业选修课和实践教学五个部分来促进适切性人才的培养。

6.3.5.1　通识教育课

国内高校所进行的通识教育课在内容上大致是相似的。进行通识教育课的目的在于培养能够适应社会环境并满足社会要求的毕业生，同时提高学生的基础知识水平及基本的操作能力，使学生"德智体美劳"全方位发展。例如，内蒙古财经大学在第一、第二学年会开展计算机及思想品德教育方面的课程。这对于学生的健康成长、树立正确的思想价值观及基础技能的掌握有很大帮助。如果专业教育是对具体学科知识的深度教育，那么通识教育就是对基础知识的广度教育，这种基础教育可以帮助学生更好地了解社会文化，促进对专业知识的学习，从而逐步建立一套完整的知识体系。通过通识教育课程的学习，学生逐步建立起自己的知识结构、价值理念、认知能力等，面对问题能够多角度思考、全面分析，通识教育课逐渐成为各大院校培养学生综合素质的必要方式。

6.3.5.2 学科基础课

学科基础课在整个学习过程中起着至关重要的作用。对于学科基础课的学习可以帮助学生打下良好的专业基础，在课程的学习中掌握专业课学习的方法技巧。学科基础课更多的是一些基础理论、基本知识和基本技能的课程，通过对学科基础课的学习便于学生专业课的学习，一切知识传授的基础都在于自身能够对相应内容有正确的认知，并且能够内化成自己的东西，再选择合适的方式转换成自己能够理解、接受的知识，学科基础课在其中起了重要的衔接作用。学科基础课有助于思维逻辑的训练和基本技能的提升，同时有助于开拓学生思考问题的思路，为专业课理论知识的学习打下坚实的基础。

6.3.5.3 专业主干课（专业必修课）

专业主干课在课程体系中居于中心位置，是搭建清晰的学科知识体系的核心工作。学习专业主干课可以使学生把握学科知识并使用专业知识来解决现实问题，从而成为能够满足中蒙经贸合作需求的专业型、应用型人才。同时，学好必修课的专业知识，有助于形成核心竞争力，更好地凸显自己的优势。各大高校在发展过程中凭借自己的教学优势，形成了具有一定竞争优势的专业必修课程，这些高校立足于中蒙经贸合作，集中自身的优势条件，一方面发展优势学科，提高竞争力；另一方面为中蒙经贸合作培养更多的适切性人才。

6.3.5.4 专业选修课

专业选修课是在专业主干课之外，为满足学生的学习兴趣，根据学生的能力与偏好设置的课程。通过专业选修课的设置可以帮助学生更好地拓宽专业视野，提高学生的综合素质。专业选修课的学习更加侧重学生的个性和特长发展，内容比较专业化，随着中蒙经贸合作的不断进展，选修课作为专业研究领域的辅助课程，其重要性进一步凸显出来。必修课和选修课的课程设置体现了人才培养的统一性和灵活性的关系，在选修课下的课程分类，教学目标被进一步明确，加强了必修课的教学效果，对培养学生的专业特长具有重要的意义，专业选修课和专业必修课两者相辅相成，缺一不可，两者紧密结合形成了更具广度和深度的知识结构。此外，专业选修课适应当前中蒙经贸合作适切性人才的需要，完善了学生的知识结构，形成了系统的知识体系。

6.3.5.5　实践教学

实践教学是整个教学过程中至关重要，但却是最薄弱的一环。部分学生更注重对理论知识的学习，而忽略了实践的重要性。但是，实践对中蒙经贸合作的适切性人才培养尤为重要。在学习过程中有许多的知识理论与方法技能需要与现实实际相结合才能够做到真正的把握。通过实践教学，既巩固了理论知识，也有助于将理论知识应用到实际生活中，是理论联系实际、提高学生动手能力和掌握科学方法的重要教学平台，有利于培养更高质量的中蒙经贸合作适切性人才。我国的实践教学分为课堂实践和社会实践两部分，通过课程实践可以帮助学生把握专业知识，而通过社会实践如市场调研、毕业实习等则可以加速学生融入社会的步伐，逐步向应用型人才转变，满足多样化的人才需求。

6.4　中蒙经贸合作适切性人才学习质量研究

一直以来，我国对中蒙经贸合作适切性人才的培养给予了高度的重视。在中蒙经济走廊项目的推进及相关政策的支持下，我国高校开始更加注重双语学生的学习质量，旨在培养出高质量的中蒙经贸合作适切性人才。本节针对中蒙经贸合作过程中对适切性人才的需求现状和高校中适切性人才的学习状况，分析影响双语学生学习质量的因素，并且提出相应的建议以优化中蒙经贸合作适切性人才培养机制。

6.4.1 中蒙经贸合作适切性人才学习质量研究概述

在人才质量培养方面，国外的学者主要侧重于研究人才培养质量的影响因素。例如，乔治·库（2009）认为，学生学习投入度对学习收获有正向影响。除此之外，美国心理学家瑞安和德西（2000）提出的自我决定理论也鼓励教师对学生的学习做积极、正向的反馈，从而使学生更有前进的动力来达到课程的要求标准。

国内的研究主要集中于教学活动和学生自身两方面对教学质量的影响。王田（2014）发现，影响学生学习收获的因素包括学生的观念、态度和动机等。查先进等（2016）认为，学生的参与态度与意愿是教学活动能否顺利进行的关键因素，同时，这也关系着人才培养体系改革创新的成败。杨院（2017）、张洪亚等（2018）认为，生师互动对于教学质量的好坏起决定性作用，鼓励教师在课堂内外对学生的学习与生活进行积极的引导。张洪亚（2019）提出，在考虑学生知识水平与学习能力的基础上，设置具有合理挑战性的学习任务对于学生的学习质量的提高具有正向推动作用。

作为本书的研究主体，目前对少数民族大学生学习质量影响因素的研究很少。但是，有相关研究表明，有些少数民族学生有学习懈怠、与老师沟通意愿程度低等问题，这也是导致学习质量较低的因素。因此，我们需要认真思考如何在培养中蒙经贸合作适切性人才的过程中，调动起学生的主动性；如何使教师鼓励学生积极进行课堂互动，从而按社会需求进行人才培养。

6.4.2 学习质量研究与概念模型构建

通过文献梳理发现，影响学生学习收获的因素包括学生的学习态度、学习动机、投入度，专业技能、社会技能等方面。从总体上看，关键因素在于生师互动和学习挑战度两个方面。

生师之间所进行的正式交流会影响学生的课堂收获，而非正式的交往会影响学生对于职业的偏好。龙永红等（2018）提出，学业挑战度对于学生知识技能的提升有显著的正向影响。帕斯卡雷拉（1980）的变化评定模型明确指出，学生的学习投入程度、生师关系及同学关系会对学生的发展水平有直接影响，学校组织结构与环境则对学生的成长有间接影响。上述研究均认为生师互动会对学生的学习收获与成长发展有直接的影响，可以有效促进学生的学习发展。将学习挑战度加入其中，本书认为生师互动指标与学习挑战度指标均对学习收获产生直接影响。

自我决定理论表明，学生的行为会受到内外动机的双重影响。瑞安等（2000）在自我决定理论的基础上提出，当学习的环境达到学生的心理标准时，学生会自主地投入学习中。徐礼云（2018）提出，学生在老师或者家人的关心与积极鼓励下会产生较高的归属感，从而更加自主地学习。老师与学生之间进行的课堂内外的交流，包括对学生的优异表现给予正向反馈、关心学生的日常生活等，这些都会鼓励学生积极完成教师布置的任务，提高学生的自主性，使学生更加认真、努力地完成课程任务，转向更高的学习挑战度。因此，生师互动会对学习挑战度产生正向影响。

通过对上述理论的归纳，现构建如下模型：由于生师互动水平对学习挑战度和学习收获有正向的影响，除此之外，本书也认为学习挑战度对学习收获也存在一定的影响。因此，提出如下假设：生师互动正向影响学习收获，其中学习挑战度在生师互动对学习收获的影响过程中起到中介作用。概念模型如图6-1所示。

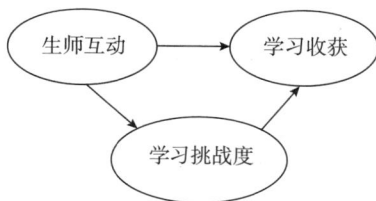

图 6-1　概念模型

资料来源：笔者绘制。

6.4.3　中蒙经贸合作适切性人才学习质量实证研究

实证研究以 NSSE 项目与 CCSS 项目为基础进行问卷设计，问卷涉及主动合作学习、学习挑战度、生师互动、教育经验丰富度及院校环境支持度五个学习投入指标与学习收获指标，在内蒙古 6 所高校共发放问卷 2700 份，回收 2498 份，其中有效问卷为 2373 份，有效问卷回收率为 95%。其中，蒙古族学生 1337 人，汉族学生 1036 人。

分析数据前的准备工作是对所有题型计分进行百分制转换，从而将最终结果以转换后分数呈现。将数据进行标准化处理，记为 zx，计算公式为：zx =（x-μ）/σ。其中，x 代表题项得分，μ 为某题项所有得分均值，σ 为标准差。标准化后的数据服从标准正态分布，通过查询标准正态分布分位数表，得到相应标准化得分的累计概率，最终转换后得分记为 x-score，计算公式为：x-score = 100×p（x≤2z），汇总每个指标中包括的所有题项得分并计算其均值，得到相应的综合指标水平得分。

本书从知识收获与能力收获两个维度考察学习收获，蒙古族学生在学习收获方面的指标得分为 51.41，汉族学生得分为 48.44，从绝对数角度来看，蒙古族学生学习收获水平稍高于汉族学生，并且独立样本 T 检验结果显示蒙古族学生学习收获水平显著高于汉族学生。从表 6-1 可以看到，蒙古族学生和汉族学生在能力收获方面存在统计学意义的显著差异，蒙古族学生高于汉族学生，双方在知识收获方面不存在显著差异。

表 6-1　蒙古族学生与汉族学生学习收获水平考察

指标	蒙古族学生	汉族学生	T 检验统计量
学习收获	51.41	48.44	-4.400
知识收获	50.28	49.09	-1.489
能力收获	51.75	48.24	-4.767

资料来源：笔者分析整理。

在生师互动综合指标方面，汉族学生得分为 63.58，蒙古族学生得分 40.72，可见蒙古族学生应更多地与教师互动交流。T 检验结果显示在生师互动方面两者存在显著差异。表 6-2 表示蒙古族学生与汉族学生生师互动指标具体题项，可以发现蒙古族学生在和老师谈论分数或作业、和老师讨论自己的未来职业规划、和老师一起做研究等方面得分均低于汉族学生，并且存在较大的差异。

在学习挑战度方面，蒙古族学生得分为 44.13，汉族学生得分为 56.50，蒙古族学生该指标水平与汉族学生存在统计显著性差异。学校针对蒙古族学生提出了具体的学业要求。如表 6-3 所示，根据该指标下部分题项得分情况可以得出，蒙古族学生熟练掌握并运用新知识的能力不强，并且不能够主动向老师、同学询问没有理解的问题。同时，蒙古族学生在论文或调查报告写作数量方面有待提高，尤其是在 3000~5000 字论文或调查报告的写作数量方面。

表 6-2　蒙古族学生与汉族学生生师互动指标具体题项考察

指标	蒙古族学生	汉族学生	T 检验统计量
和老师讨论分数或作业	34.99	72.50	40.773
和老师讨论自己的未来职业规划	37.71	67.80	25.966
课后向老师请教课堂或阅读中发现的问题	47.95	52.64	3.740
学习表现会得到老师及时的评价	43.34	58.57	11.936
和老师一起参与课外活动	44.59	58.31	11.285
和老师一起做研究	35.71	71.68	35.258

资料来源：笔者分析整理。

表 6-3　蒙古族学生与汉族学生学习挑战度指标部分题项考察

指标	蒙古族学生	汉族学生	T 检验统计量
课后会复习笔记以保证能较好地掌握课堂内容	44.90	51.61	11.576
对学习中存在的问题，会查阅课外资料或询问老师同学，直到弄懂为止	41.39	60.50	16.230
结合不同的观点或信息，形成新的解释	40.62	59.95	16.180
将已掌握的理论或概念运用到实践中	43.77	57.38	12.044
3000 字以下论文或调查报告的篇数	44.44	56.62	10.032
3000~5000 字论文或调查报告的篇数	35.65	69.28	30.452
5000 字以上论文或调查报告的篇数	37.96	63.55	21.408

资料来源：笔者分析整理。

对上述结果进行总结得出，蒙古族学生和汉族学生的学习收获水平基本持平。其中，两者在知识收获与能力收获水平方面的差异均不明显，但蒙古族学生生师互动与学习挑战度综合指标水平与汉族学生存在不同程度的差异性。

6.4.4 培养对象学习收获影响因素及其效果探索

本书进一步通过前文所获得的相关指标进行研究，包括蒙古族学生所进行的生师互动如何直接影响学习收获，以及研究生师互动通过学习挑战度变量对学习收获的间接影响。探究生师互动与学习挑战度指标如何作用于学生的学习收获。

6.4.4.1 数据质量检验

问卷采用李克特五点计分法对学习收获、生师互动及学习挑战度三个指标进行测试，学习收获指标分为知识收获与能力收获，共设置了 17 个题项，生师互动指标下设置 6 个题项，学习挑战度指标下设置 12 个题项。对量表进行内部一致性检验，总量表克朗巴哈系数 α 为 0.949，总量表的信度较高。生师互动子量表 α 系数为 0.879，学习挑战度子量表 α 系数为 0.791，学习收获子量表 α 系数为 0.905，三个子量表 α 系数均超过 0.7 的可接受水平，信度较高。

概念模型中生师互动、学习挑战度及学习收获指标均为潜变量，采用因子分析法对其进行结构效度检验的同时可确定相应的显变量。根据学习挑战度子量表，KMO 值为 0.855，巴特利特球形检验 p 值小于 5% 显著性水平，该指标适合进行因子分析，结构效度较好。同时结果显示提取出三个公因子（见表 6-4），第一个公因子包括 AD_1、AD_2、AD_7、AD_8、AD_9 题项，命名为高阶学习；第二个公因子包括 AD_3、AD_4、AD_5、AD_6 题项，命名为反思与整合学习；第三个公因子包括 AE_1、AE_2、AE_3 题项，命名为写作量。

根据生师互动子量表，KMO 值为 0.879，巴特利特球形检验 p 值小于 5% 显著性水平，结构效度较好。因子分析结果显示只提取了一个因子（见表 6-5），因此生师互动潜变量下包括 AF_1、AF_2、AF_3、AF_4、AF_5、AF_6 6 个显变量。

学习收获子量表划分为两个维度，即知识收获与能力收获。因子分析结果显示该子量表 KMO 值为 0.809，巴特利特球形检验 p 值小于 5% 显著性水平，结构效度较好。

此外，为了避免系统误差，研究进一步采用 Harman 单因素检验方法，对共同方法偏差问题进行检验，将问卷中所有的题项进行探索性因子分析，在不选择旋转的情况下，抽取出特征根大于 1 的因子。如表 6-6 所示，最终结果抽取出 8 个特征根大于 1 的因子，第一因子解释了 29.072% 的变异量，没有超过 50% 的建议值，因此本书不存在严重的共同方法偏差。

表6-4 学习挑战度指标旋转成分矩阵

题项	成分		
	1	2	3
会想尽办法解决学习中遇到的困难 AD_1	0.837		
课后会定期将课外参考书的内容与课堂笔记一起整理 AD_2	0.713		
每学期我都会认真学习，考试前进行有规律的高效复习 AD_3		0.622	
我尽量将不同课程的知识联系起来学习 AD_4		0.837	
课后会复习笔记以保证能较好地掌握课堂内容 AD_5		0.744	
对学习中存在的问题，会查阅课外资料或询问老师同学，直到弄懂为止 AD_6		0.792	
对课题或阅读中遇到的事实、观点或方法会记录下来 AD_7	0.761		
结合不同的观点或信息，形成新的解释 AD_8	0.646		
将已掌握的理论或概念运用到实践中 AD_9	0.751		
3000 字以下论文或调查报告的篇数 AE_1			0.778
3000~5000 字论文或调查报告的篇数 AE_2			0.922
5000 字以上论文或调查报告的篇数 AE_3			0.863

资料来源：笔者分析整理。

表6-5 生师互动指标成分矩阵

题项	成分
	1
和老师讨论分数或作业 AF_1	0.883
与老师讨论自己的未来职业规划 AF_2	0.922
课后向老师请教课堂或阅读中发现的问题 AF_3	0.897
学习表现会得到老师及时的评价 AF_4	0.825
和老师一起参与课外活动 AF_5	0.814
和老师一起做研究 AF_6	0.785

资料来源：笔者分析整理。

表6-6　共同方法偏差检验

成分	初始特征值			提取平方和载入	
	特征根	方差的%	累计%	方差的%	累计%
1	11.629	29.072	29.072	29.072	29.072
2	6.117	15.292	44.364	15.292	44.364
3	3.760	9.399	53.764	9.399	53.764
4	2.239	5.597	59.361	5.597	59.361
5	1.734	4.334	63.695	4.334	63.695
6	1.672	4.181	67.875	4.181	67.875
7	1.361	3.402	71.277	3.402	71.277
8	1.172	2.929	74.206	2.929	74.206

资料来源：笔者分析整理。

6.4.4.2　基于结构方程模型的实证分析

对蒙古族学生生师互动、学习挑战度及学习收获三个指标进行平均值、标准差与相关系数的计算。由表6-7可知，积极的生师互动会促使学生学习挑战度的提高，提高学习收获水平。同样，学习挑战度正向影响学习收获指标。从这个结果只能得出生师互动、学习挑战度和学习收获间相互影响的方向，其相互作用机制还需进一步分析，因此采用结构方程模型对变量间关系进行分析。

表6-7　三个变量的描述统计量

变量	均值	标准差	相关系数		
学习挑战度	44.13	18.157	1		
生师互动	40.72	21.985	0.656**	1	
学习收获	51.41	19.084	0.364**	0.374**	1

注：**表示在1%水平上显著相关。

资料来源：笔者分析整理。

根据上述结构效度检验中因子分析结果，将各指标的显变量加入概念模型中，运用软件 AMOS20.0 对生师互动、学习挑战度及学习收获之间的关系构建结构方程模型，如图 6-2 所示。

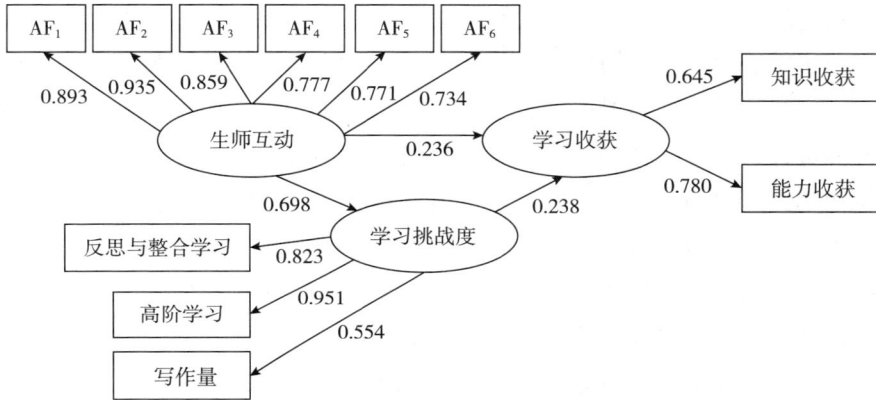

图 6-2　结构方程模型

资料来源：笔者绘制。

结构方程模型的 $CFI = 0.996 > 0.9$，$AGFI = 0.981 > 0.9$，$NFI = 0.997 > 0.9$，$CFI = 0.998 > 0.9$，$\dfrac{x^2}{df} = 2.129 < 3$，卡方自由度比值达到拟合严格标准，由以上适配度指标可知，概念模型能够较好地拟合数据，同时图 6-2 中标注的标准化路径系数均通过了显著性检验。由图 6-2 所示，生师互动指标对学习收获存在正向促进作用，直接效应值为 0.236，生师之间进行有效沟通会直接提升学生的收获水平；学习挑战度水平同样正向作用于学习收获，直接效应值为 0.238。比较两个指标，增加学习挑战度更有助于学生知识与技能的提升。同时，生师互动水平的提高有利于激励学生积极自主地学习，表现为学习挑战度水平的提高，直接效应值为 0.698。在学习挑战度指标的中介效应下，生师互动指标对学习收获存在间接效应，效应值为 0.166（0.698×0.238＝0.166），因此生师互动对学习收获的总效应值为 0.402（0.236＋0.166＝0.402），学习挑战度在生师互动对学习收获的影响中起到的部分中介效应为 0.413（0.166/0.402＝0.413），即中介效应占总效应的 41.3%，验证了本书的研究假设。

中蒙两国培养中蒙经贸合作适切性人才对中蒙经济走廊建设及促进两国政治、经济和文化方面的交流互动有着巨大的推动作用。本书对系列因素进行研究，探讨其作用机制，从而分析未来将以何种方式致力于提高学生学习收获水平，促进中蒙经贸合作适切性人才的培养。

通过上述分析，高校在以后提升学生学习效果、培养出满足中蒙经济走廊建设所需的中蒙经贸合作适切性人才的过程中，可以在以下方面提出建议：

第一，提高学生的学习挑战度。可以从增加专业课数量、作业数量及考核难度等方面进行；还可以通过设置课后任务来对学生在课堂上所学的知识进行检测，从而达到强化的作用。此外，通过增加实践活动来调动学生学习的积极性，激励学生更加自觉地学习，获得更高水平的学习收获。

第二，提高双语教师队伍的综合素质。着力培养精通汉语和蒙古语教学的教师，增强学科教师的语言能力，增强语言教师的知识水平及教学能力。这样教师不仅能够传授专业知识，还能使学生了解两国的贸易情况。教师与学生之间的顺畅交流，可以促进使老师在学习及生活方面为学生提供指导。

第三，高校积极鼓励深度的生师互动，如提供必要的场所及实践条件等。除了课堂上的互动，高校应鼓励教师与学生在课堂之外进行深层次的交流，包括开展课外的专业实操活动，推动老师与学生在课外进行关于学习与研究的交流。这样深层次的互动不仅能提高学生能力，促进生师关系良好发展，同时也可以调动学生的学习积极性，使其学习收获增加。

第❼章
中蒙经贸合作适切性人才
培养路径创新研究

2017 年 9 月，中共中央办公厅、国务院办公厅印发了《关于深化教育体制机制改革的意见》，强调"深化创新人才培养试点，探索拔尖创新后备人才培养途径"。2018 年 10 月，教育部发布《关于加快建设高水平本科教育 全面提高人才培养能力的意见》，其明确提出要"紧紧围绕全面提高人才培养能力这个核心点，加快形成高水平人才培养体系"。2021 年 2 月，教育部印发了《普通高等学校本科教育教学审核评估实施方案（2021—2025 年）》，从根本上解决了综合型人才不科学教育评价导向问题，对本科教育教学改革发展具有重要意义。综合型人才培养是高校的本质职能，高校的灵魂在于培养高素质人才，必须把教育工作的核心问题放在人才培养上。随着新时代的不断改革和创新，"怎样培养人才，为谁培养人才"成为教育发展的首要问题，必须对这一问题不断进行深入研究和探索，在人才培养过程中不断构建高水平人才培养体系和模式，不断深化人才培养工作的基础。

中蒙经贸合作是顺应经济全球化、世界多极化和信息多元化的趋势。面对新的发展形势，核心问题就是如何培养适切性人才。本书在前文中蒙经贸合作适切性人才供求影响因素及其测度、适切性人才动态均衡研究及适切性人才培养体系、维度与质量研究的基础上，认为在加快中蒙经贸合作建设过程中，适切性人才在发展过程中起着越来越重要的作用。高校需要创新人才培养路径，加大教育经费的投入，努力为中蒙经贸合作培养一批高质量人才。本章基于在"一带一路"建设的时代背景下，探究人才培养目标与中蒙经贸合作发展的互补匹配性问题、人才培养方案与中蒙经贸合作发展的互促融合性问题及人才培养结构与中蒙经贸合作发展的互动协调性问题，致力于探索适切性人才创新培养路径，为国家、企业和高校协同建设适切性人才培养与中蒙经贸合作发展相适切的路径提供支持。

7.1 人才培养目标与中蒙经贸合作发展的
互补匹配性问题

高等教育发展水平的高低在一定程度上体现着一个国家的发展水平。在实现高等教育发展、建设高等教育强国的过程中，人才培养目标的理论与实践研究一直是教育界面对的重要问题。改革开放以来，我国已经培养了一大批具有远见卓识的高新技术人才，但在中蒙经济走廊建设的过程中，我国也遇到了新的挑战和机遇，目前我国的人才培养规模和力度还不能完全适应中蒙经济走廊建设和发展的速度。中蒙经济走廊建设即是中国的倡议，要想将开放包容、互学互鉴、互惠互利的思想深入人心，打造真正的利益共同体，就必须从根本上提高学生的全球意识和创新能力。因此教育必须从国际视野出发，将其他国家和地区存在的问题反映到自己的教学活动中，为适应中蒙俄经济走廊建设的需要，高校必须要培养学生运用所学的知识来分析国际发展过程中存在的问题，能够让学生清楚地认识到自己和他人的差距，能够让学生与不同的人进行交流，并且转化成行动，同时也要注意培养学生的爱国主义精神、尊重文化多样性等基本品质。

中蒙经济走廊建设重点在于培养一批精通相关外语、熟悉国际准则、具有开阔视野、善于在激烈的竞争中把握机遇的国际化人才。我国高等教育应面向新时代、顺应新趋势，深入学习习近平新时代中国特色社会主义思想，坚持人才培养这一国际化主题，深度参与中蒙经贸合作，着力构建体现区域特色的高水平人才培养体系。

当今教育发展的首要职能是培养创新型人才，在不断推进中蒙经贸合作的背景下，培养具有国际视野的综合型人才，增强学生对中蒙经贸合作中经贸、法律、财税和管理等知识的学习和掌握，同时也要加强学生对中华优秀传统文化的理解和学习，把传统文化发扬光大，这是高校在建设发展过程中的重要使命。从一定层次上讲，高等院校所培养人才的质量和速度影响着中蒙经贸合作建设的水平，各大高校之间相互交流学习，将内生和外延两种方法结合起来，为中蒙经贸合作培养更多的国际型人才。

我国高校在教学发展中，人才培养目标的设定越来越得到重视，人才培养目标是教学发展的指向标，加快对创新精神和实践能力的综合型人才的培养，这是在建设一流高校的过程中需要面对的重要问题。那么，什么是人才培养目标？如何根据实际发展情况制定相应的人才培养目标？国内学者对此都表达了不同的见解。文辅相和赵月怀（1990）认为，人才培养目标是"满足一定教育需求，推动预期教育目的实现的导向标志或标准"，是"根据一定教育目的和约束条件，对教育活动预期结果，即学生的预期发展状态所做的规定"。王严淞（2016）认为，人才培养目标是有关人才培养活动的目标，是学校通过对自身发展情况的认知及对外界环境变化的了解，确定了内在能力水平与外在社会需求，在理性分析与思考的基础上，结合自己的使命与愿景，而设计出的一种有关学生成长的合理性且理想化的未来图景。

综合国内学者对人才培养目标的不同见解，高校对人才的培养要根据目前社会发展的人才需求来培养，培养当代大学生良好的人生观价值观，同时建立全面的知识结构、能力结构和素质结构，达到对人才的要求和标准。我国目前现阶段的高校人才培养目标框架基本一致，在各类教学评估和审核的推动下，高校对人才培养目标的描述越来越全面，结构越来越完整，把学生培养成"德智体美劳"全面发展的高质量人才，积极培养学生的实践能力和创新能力，在日常教学和科研的过程中侧重于培养学生对基本知识框架的构建和基本技能的提高。同时，对思想教育方面加以正确引导，坚持社会主义办学方向，坚持促进学生"德智体美劳"全面发展，深入贯彻落实毛泽东思想、邓小平理论、"三个代表"重要思想、科学发展观及习近平新时代中国特色社会主义思想，牢固树立"四个自信"、热爱祖国、遵纪守法、勤奋好学，培养高度的社会责任感，积极为中国特色社会主义现代化建设贡献出自己的力量。

人才培养目标的确立要根据实际情况而定，不可一味地复制其他院校的模式，必须根据不同的成长规律和培养规律制定适合个人发展的人才培养目标，切记不可制定高远空泛的培养目标，建立的目标偏离实际情况很难进行评估和检验。人才培养目标是学校进行一切教学活动和科研活动的总指挥，它指导学校制定相应的教学方案和计划，同时制定相应的教学管理制度。优化培养目标要保证本科教育的基础性地位，建设一流本科教育是为中蒙经济走廊建设提供高质量人才的保证，高校必须遵循基本原则和实际情况来科学合理地制定人才培养目标。高校教育不仅为社会发展培养高质量人才，还具有相应的政治功能，服务于国家政治经济建设，高校在办学过程中坚持社会主义办学方向，以培养高质量人才为根本目的，以实现中华民族伟大复兴为根本任务，在人才培养过程中始终把培养

"德智体美劳"全面发展的高质量人才作为核心问题，这是由我国社会主义办学宗旨和办学历史，以及伟大的中国特色社会主义共同理想决定的。

教育事业的发展必须立足现在面向未来，培养具有远见卓识的人才。在这样一个不确定的发展时代，高校发展必须综合考虑人才培养目标的具体内容，培养学生知识综合应用和知识框架构建的能力，说到底就是为了培养学生创新精神和实践能力来更好地应对当今世界的变化。为了培养更多的创新型人才，世界一流大学都将致力于提高学生的创新精神和探索能力。当前世界发展变化复杂，创新要素跨国流动越来越频繁，创新形式越来越多样，世界新格局的形成逐渐以创新能力为导向。以创新谋发展，这是各个国家正在形成的发展趋势，高校必须服务于国家发展大局，必须将培养创新型人才作为人才培养目标之一。

人类教育问题正面临着全球性的挑战，不断变化的时代赋予教育新的历史使命和任务，要想实现教育强国的愿景，建设和发展体现中国特色的本科教育，提高国家整体教学水平，就必须基于中国当前的发展阶段，遵循当今教育的发展趋势，积极与其他国家针对教育进行交流与研讨，学习先进的教学理念，增强学生为国争光的责任感和使命感，帮助学生树立正确的人生观和价值观等。面对新型教育的发展趋势，给学生创造良好的学习环境越来越重要，许多高校正致力于新型人才培养方式的探索和研究，从长远来看，在人才培养目标等方面还有许多问题亟待解决。

高校需要对现行课程和相关专业知识进行优化。当今世界的教育发展趋势要求高校的人才培养目标做出一定调整。要完善学生的知识框架的构建，专业课程的设置要符合经济发展的要求，不断提高学生分析问题和解决问题的能力，现在课程之间相对独立，学生难以在各个课程之间交融学习，加之专业划分细致，致使一部分学生难以形成广泛的视野，不利于对学生综合能力的培养。随着教育领域的不断扩充和发展，专业课程设置稳定，教学内容跟不上时代的发展，大部分课程以理论教学为主，缺乏一定的实用性和创意，提不起学生学习的积极性和主动性。

随着教育的不断革新，传统的教学模式在不断改进，让学生适应教学模式的变化是迫切需要解决的问题。从目前的整体教育来说，高校的教育模式还是以老师向学生传授理论知识为主，长此以往不利于学生的个性发展和学习积极性的提高。教学以课堂教学为主，单一向学生传授书本知识，忽视了人才的需求变化，在改革教学模式的同时，也要注意学生的适应情况，循序渐进。

在快速发展的市场经济体系下，如何让学生得到全面的发展，也是目前需要解决的教育问题。在快速发展的经济背景下，教育竞争越来越激烈，这对高校人才培养模式的创新也产生了一定的阻力，带来了一定的负面影响。当今社会高校所培养的人才必须能够顺应时代的发展，在教育结构的变革上，注重素质教育和技能教育协调进行，同时加强对学生理论知识和应用知识的传授。在这种环境下不断提高学生的竞争能力和创新能力，但同时也容易引起学生的功利性，综合考虑各种培养模式的利弊，促进学生综合能力的提高。

面对时代发展提出的新要求，必须不断创新人才培养模式，建立相应的人才培养目标，通过一定的教学理念为导向，坚持以创新为核心的教育理念，培养更多的中蒙经贸合作创新型人才。高校需要提高学生的创新能力，训练学生的创新思维，确定知识能力结构，制订相应的教学计划。同时，要坚持多元化发展，保证培养的人才能够顺应当今世界的发展潮流，构建以质量观为核心思想的人才培养模式，还要转变过去精英型的教育观念，确立以个性化为中心的多元质量观，保证在培养专业性人才的前提下，因材施教，促进学生的个性发展，培养不同层次的创新型人才。

针对现有的教学课程进行整合，将课程综合化和全面化，注重课程结构和内容的创新，高校课程设置要适应当今社会的发展趋势，科学合理地进行课程改革。对于部分专业课的设置要紧贴市场，满足市场对人才的需求，适应社会的发展，既要加强对社会发展方向和相关经济体制改革的研究，也要与社会相关部门的负责人深入交流，了解当今人才需求信息，做好人才需求预测，更好地为社会提供高质量的综合型人才。高校培养的人才服务于区域经济，因此高校在进行专业课程调整时要根据区域经济产业结构的调整而做出相应的改变，保证课程设计的稳定性和灵活性，对于人才需求旺盛的专业要有针对性地做出专业结构调整。

中蒙经济走廊建设更需要应用型人才，对于人才的培养不单单要注重课堂的教育活动，也要加强科研和应用实践等方面的综合能力培养。要注重课堂的教学活动在人才培养过程中的基础作用，培养学生养成良好的学习习惯，提高解决问题的能力，培养学生的主人翁意识，将学生作为课堂的主体，积极开展互动式教学。对于教学设施方面，相关部门要加大教育经费的投入，通过建立更多的实验室和模拟室，让学生有更多的机会进行模拟实景研究。应提供给学生更多的学术研究机会，探索多种培养路径，综合利用多方力量来培养人才，一方面依靠学校自己内部的资源与优势；另一方面借助相关企业的力量，积极开展校企合作，充分利用企业的有利资源，为学术研究创造条件。

7.2 人才培养方案与中蒙经贸合作发展的
互促融合性问题

高校的核心职能是培养更多的创新型人才，人才培养是高校在已有的教育发展理念和发展规律下，按照不断改进的人才培养模式教育学生，培养满足当今发展趋势的高质量、高素质人才的过程。人才培养模式是满足高校快速发展为前提，以国家和地区人才培养的质量为标准，在特定的教育理念下，采取更灵活的管理制度和教育手段等方法的人才培养过程总和。

随着中蒙经贸合作的不断推进，区域性人才越来越得到重视，中蒙两国在政治、经济、文化和社会生活等方面存在较大的差异，中蒙两国需要建立全方位、多视角、宽领域的互通网络，实现两国在教育等方面的交流与合作。基于此，要建立多功能的人才培养基地，加快培养熟悉沿线两国政治经济和社会文化等的专门人才，为企业、教育机构等开展工作提供充足的人才支持。在人才培养方面要做到全面掌控，基于不同的学科基础建立相应的研究方向，培养一批在某一学科领域有深刻见解并能够为中蒙经贸合作做出实质性贡献的专门人才。

在人才培养过程中，需要建立一批精通多国语言的教学师资队伍，根据实际需要增设相应的语言类科目，提高学生对不同国家语言的学习能力，各个国家和地区在经济、文化和社会生活等方面存在较大的差异，探索过程中要深入其中，探索造成差异的本质原因。在人才培养过程中开设讲解研究方法的课程，如定性定量分析方法，引导学生进行合理规范的调研考察。目前，我国在人才培养过程中缺乏对综合型人才的培养，没有把学生的社会科学与研究能力等的培养放到重要位置，而且学科培养方向往往集中在国际关系等某一个具体学科或问题上，忽视了区域研究的跨学科特性，缺乏学科之间的交叉培养。教育部虽然出台了相关的政策，推动了人才培育基地的建设，改善了人才培养的环境，但针对中蒙经济走廊建设的人才培养力度还远远不够，缺乏对沿线国家和地区的经济、文化等方面的专题研究，长此以往，这种固化的结构在一定程度上影响了师资、课程和研究方向等的多元性和交互性。教师是人才培养的关键，教师要对某一学科进行深入的研究学习，形成科学的研究方法体系，加强对涉及中蒙经贸合作强调的文化、历史和经济等方面的研究，增加教师引进数量，完善师资结构和课程改革。

在推动中蒙经贸合作过程中，高校的人才培养方案在不断地进行改革和创新，在这一过程中既存在机遇也存在挑战，为此应制定研究中蒙经贸合作中高校改革人才培养方案的具体策略。只有这样，才能抓住机遇，积极地迎接挑战，为中蒙经贸合作做好人才储备工作。人才培养方案的实施与中蒙经济走廊建设是相互融合、相互促进的，不断完善的人才培养方案有利于促进中蒙经济走廊建设。

7.2.1　实施中蒙经贸合作师资培训计划

综合型人才的培养离不开优秀教师的指导，在人才培养过程中，首先要制定中蒙经贸合作师资培训计划，聘请一些专家来制定师资培训计划；深入了解中蒙经贸合作对师资力量的要求标准，各项计划根据具体的师资需求展开，按照计划制定相关程序和步骤。其次要做好动员工作，让相关专家和学者参与宣传动员活动，并且积极利用互联网的有利条件进行宣传；制订好计划之后就合理安排计划的实施过程，将计划细分，确定每一阶段应该完成的任务，通过实践活动和教师的反馈，不断地完善计划，保证计划的顺利实施。

7.2.2　加强跨境教育合作项目

加强相关的教育合作，达到资源共享的目的。人才培养不仅针对国内，也针对国外，充分利用国内外的教学资源，培养更多适切性的国际化人才。另外，当前的信息时代高速发展，不断涌现出新的知识领域，而这都需要各个国家和地区共同面对，加强在教育方面的相关合作；也可以通过联合培养、互换访问学者等途径来加强学术交流，共同参与中蒙经贸合作的相关课题建设，加强教学经验交流。了解中蒙经贸合作建设的相关需求，加强教育领域的合作。在与高校进行合作的同时，也要加强与相关企业的合作，专业领域的人才培养也需要与工商业界、大型商会等的密切合作，加快综合型人才的培养已经纳入部分企业的培养计划，中蒙经济走廊建设既需要产业界及时向高校反馈人才需求信息，也需要高校主动与企业积极交流、共同探讨，协商制订人才培养计划，培养更多的高质量人才。

7.2.3　促进课程资源共享平台建设

首先，加大相关课程的开发力度，尽可能地让相关领域的专家和学者参与其中，这样的课程才能保证双方的利益，同时尽可能地利用互联网技术，促进改进的课程内容能在高校得到落实贯彻。其次，课程资源共享，让更多的学生能利用课程资源共享平台学到更多的知识，为中蒙经贸合作培养高质量人才。资源共享的方式有很多种，如网络授课、推进跨校合作和推进高校共同体等。最后，选择合适的手段推广课程，在推进课程资源共享的过程中还可以对所选的策略进行改进，对课程的内容进行修改和完善，保证课程资源的质量，培养高质量人才。当然，也可以通过开展海外办学、与不同国家的高校合作、共同开办高等院校等方式进行教学资源的共享。

7.2.4　构建人才联合培养共同体思想意识

在中蒙经贸合作过程中，人才联合培养共同体意识的树立发挥着越来越重要的作用。思想是一切行动的先导，有了正确的思想来指引，中蒙经贸合作人才培养才能顺利进行。从满足中蒙经贸合作的需求而言，必须加强对人才的联合培养，着力构建人才联合培养共同体，这样才能加强各个国家和地区在教育等方面的交流和探讨。在制定人才联合培养共同体方案的过程中，要选择合适的人作为方案的制定者，如可以选择相关利益群体作为方案的制定者，采用头脑风暴法和决策树等方法来制定相关的方案，积极听取专家的相关意见，按照一定的决策程序制定方案，将制定好的人才联合培养共同体方案付诸实施，在实施过程中不断改进和完善。

针对中蒙经贸合作的人才培养方案提出的以上四点措施，对于每一条措施都要认真贯彻落实。对于研究型人才的培养我国具有较长的历史，在不断的探讨和研究过程中尚未形成周密的人才培养体系，针对此国家和政府应采取相应的措施来促进人才培养体系的完善。从国家层面来讲，国家要加大人才培养体系的支持力度，出台相关的政策来保证人才体系的建设，如国家设立相关的专项资助项目来突破不同学科之间的限制。在人才培养体系建设过程中，国家比较重视学科建设，大部分的教育工作都是围绕学科建设开展的。我国的学科建设发展相对缓慢，人才培养一定程度上依托于其他一级学科，限制了对于多元化人才的培养，缓解这一问题就要减少学科之间的隔阂，促进学科之间的交流，鼓励进行跨学科的深入研究和探索，逐渐形成制度性的学科共同体。根据中蒙经济走廊建设的需求，实现不同学科之间的交融发展，就要充分考虑跨学科的障碍，不断融合各个学科之间的优势资源，构建多学科的课程体系。人才培养机构应根据实际发展需要，充分考虑中蒙经济走廊建设的多方面需求，有针对性地构建多学科的人才培养模式，同时积极吸纳多元化的师资加盟，整合师资力量，打造多学科的师资队伍，也要积极整合利用校内的教师资源，充分挖掘每位教师的优点，展现教师在人才培养过程中的重要作用。

随着中蒙经济走廊建设的推进，对人才质量的要求也越来越高，不但需要了解不同国家和地区的经济、文化和社会的综合型人才，还需要社会实践能力强的高端型应用人才，人才培养的质量和数量直接影响到中蒙经济走廊建设的水平，这需要从人才培养的全过程加强对高等教育的关注。在人才培养过程中，除了要加强对相关国家语言的学习外，也要重视对研究方法的系统学习，让学生能够用正确的方法进行研究，提高研究的效率，同时要保证其研究成果具备基本的研究范式；还要让学生掌握不同的研究方法，从不同的角度来分析问题，能够灵活运用各种数据处理的方法、调查、访谈等，并能够根据不同的研究对象选用相应的研究方法。

7.3　人才培养结构与中蒙经贸合作发展的互动协调性问题

中蒙经贸合作是当今发展的新趋势，是一种新型的外交策略，是党和政府顺应时代发展提出的新型的对外开放方针。教育的本质是培养高质量人才，新时代背景下人才需求的变化给高校培养人才带来新的发展契机。中蒙两国在经济、社会文化等方面不断加强探索和交流，为高校培养高质量人才奠定良好的基础。探究不同于以往的人才培养共同体方式，为中蒙经贸合作培养更多的高素质人才，依据中蒙经贸合作的人才需求，构建新型的人才培养结构。中蒙经济走廊建设需要综合型的国际人才来支持发展需要，需要高校具有开放的国际化办学理念，积极与中蒙经贸合作沿线国家和地区加强合作与交流，对人才培养体系不断进行改革和创新。

7.3.1 国家加强对教育的投资力度

从国家维度来讲，中蒙经济走廊建设需要高层次人才的支持，国家要加强对相关教育的支持力度，为中蒙经济走廊建设提供充足的高质量人才。一方面，国家要给予高校一定的经费补助，高校的发展离不开经费的支持，没有一定的资金保证，一切发展都会成为空谈；另一方面，国家应给予高校一定的政策支持，促进高校的均衡发展。

7.3.2 高校制定全面的人才培养方案

从各大高校来讲，借助国家的支持，制定相应的人才培养方案，加大对国际化人才的培养。要树立为中蒙经贸合作培养更多高质量人才的教育理念，应充分认识到培养国际化人才是服务中蒙经贸合作的重要举措。同时，学校要改变发展理念，立足面向全国、走向世界的发展理念，明确服务中蒙经贸合作的目标，设置相应的专业课程和实践课程，培养具有家国情怀和专业素质的国际化人才。学校还要积极与周边国家和地区合作开展办学，创新多种模式和形式的合作方式，提升教育的综合服务水平，提高办学的人才培养质量，培养更多的应用型人才。

7.3.3 教师提高自身的科研和教学水平

从教师方面来讲，不断开展教育活动来提高教师的学术水平和科研能力，为中蒙经贸合作培养国际化人才提供充足的师资力量。教师的质量在一定程度上决定着人才培养的质量，老师应该肩负起责任和使命，正确认识到国际化人才培养的价值和意义，切实提高自己的工作热情和积极性，积极投身于人才建设当中，实现自身的价值，培养更多高质量的国际化人才。教师在日常工作生活中应严格要求自己，提升自己的综合能力，引导学生朝着国际化的方向发展，为中蒙经贸合作做出实质性的贡献。

在中蒙经济走廊建设过程中，人才的需求在不断发生变化，有些高校的人才供给与市场人才需求不匹配，一些高校与其他国家在教育交流与合作方面相对匮乏，并且在参与一些国家的教育合作与共建方面仍处于较低水平。在中蒙经贸合作的背景下，国家对人才的需求发生了变化，学校也要因此改变人才培养结构，顺应时代的发展，制定出符合实际情况的人才发展规划。人才需求的变化给高校的发展带来了一定的挑战，学校应在教学和专业设置等方面迅速做出调整，因地制宜地进行创新，肩负起时代的重任。高校应转变思想，不盲目地模仿其他院校的教学模式，要重新定位自身在发展中的位置，在不断的探索中找到一条适合自己的发展道路。高校在促进中蒙经贸合作的倡议下，积极参与到构建人类命运共同体当中，通过构建高质量人才体系和规模来实现，立足于全球治理的角度，以供给端人才的培养为目标，以中蒙经济走廊建设为契机，通过建立新型的发展机制来促进自身的教育改革，并且不断加强高校与其他国家和地区在相关领域内的交流与合作；实现教育壁垒的突破，建立中心思想意识，营造文化相互交融的氛围，多措并举加强教育对外开放与合作，不断改变人才培养结构，通过产学研融合的多级平台培养具有专业优势的国际化复合型人才。

高校专业性的学科改革不是一次性能够完成的，要针对具体的发展情况做出调整，同时要具有长远的发展眼光，立足当下，面向未来，不断做出调整和改革。高校要重视对人力资源和人力资本的开发和运用，有效应对由于缺乏高质量人才给创新发展带来的发展问题，培养更多的综合型人才，以支撑经济结构的战略性转变。据不完全统计，我国与其他国家发展交流过程中，所涉及的语种大约有 95 种，但我国高校在语言教学过程中仅能开设 54 种语言课程。语言的教学规模与结构化失衡也是高校所面临的重要问题，在高校培养的人才中，能够熟练地运用非通用语言的国际化人才很少。在中蒙经贸合作的过程中，能熟练掌握有关国家语言的综合型人才是重要的资源，要加大培养国际化人才的力度，精通沿线国家和地区的语言是国际化人才首要的技能，是促进各个国家和地区相互交流的基本保证。由于各方面资源的有限性，学校面临着特色学科与综合学科协调发展的矛盾，也面临着缺少高水平实践平台的困境，高校要因地制宜，充分利用一切可以利用的资源，找准国际发展趋势对人才的需求，不断进行专业上的结构调整和师资力量上的整合。

各类高校要扎根中国大地，面向社会，积极迎合国家发展的大趋势，确定好当今教育的发展方向，以及与办学理念和发展趋势相协调的人才培养目标，并且从知识、能力、素质全面养成的视角明确人才培养质量标准和数量要求。培养符合社会经济发展需要的中蒙经贸合作双语复合型人才是我国高校人才培养的目标之一。中蒙经贸合作的复合型人才在中蒙经济走廊建设中起到的作用程度取决于其在培养过程中知识结构的合理性，并且知识结构是所有的新时代人才在工作中需要运用的主要工具。在语言使用方面，在掌握蒙古语的同时，中蒙经贸合作的复合型人才可以同时熟练地使用汉语，灵活转换语言思维。在知识掌握方面，中蒙经贸合作的复合型人才既掌握语言方面的专业知识，又认真学习相关理论知识，在掌握坚实的基本理论、利用双语教学优势条件、认真研究专业知识的基础上，扩大知识领域，加强专业技能。在中蒙经贸合作适切性人才培养过程中，复合型人才不仅要学习知识，还要学习如何使用知识，做到学以致用，积极参与社会实践，将实践转化为理论，增强理论联系实际的能力并在实践中不断创新理论，丰富理论体系。同时，双语教学要求高校在培养方案中提供职业指导和创业等实用课程，不断加强对学生的指导，让学生树立良好的择业观和就业观。中蒙经贸合作复合型人才的质量体现在培训目标的质量上，主要包括专业素质质量、文化质量、能力结构质量、创造性思维和心理质量。人才培养的主要问题是提高学生的专业素质，特别是对复合型人才的双语教学优势的强调，学生高质量的文化素质对经贸合作的顺利开展起着重要作用。

高校应鼓励学生锻炼沟通能力和协调能力，中蒙经贸合作人才更应加强人际交往能力。同时，不断训练创造性思维。双语教学的学生应利用语言优势，努力寻找两种文化的融合点，放手创新。高校也要注意学生的心理健康，应建立心理咨询中心，以缓解学生的焦虑情绪并解决各种问题，保证学生的心理健康。

中蒙经贸合作需要的国际化人才应具备多种的知识、能力和素质，这类综合型人才要具有开阔的视野、较强的学习能力和知识应用能力，还要具有扎实的国际化专业知识，能够懂得一些国际惯例与规则，了解一些国家和地区所发生的重大事件。在人才培养的过程中，要制定科学合理的人才培养方案，制定符合当今教育发展的人才培养目标，切实增加国际化知识的比重，精选课程，不断加强学生对国际化教育的学习能力，引导学生加强对中蒙两国的历史、政治和风土人情等的了解，增加学生对了解异国风土文化的积极性和主动性，提高学生学习的热情，增强学生对异国文化的认同感，并且能够切实参与到中蒙经贸合作建设当中。高校也应鼓励学生和老师走出国门，向其他国家和地区的学者学习，共同探讨问题，营造良好的多语种、多文化的校园氛围，为培养国际化人才创造良好的校园环境，助推中蒙经济走廊建设取得新的成就。

第**8**章

中蒙经贸合作适切性人才
培养的政策建议

2013 年我国提出的"一带一路"倡议，得到了多数国家和地区的广泛认同。"一带一路"倡议的实施，是各参与国和地区优化经贸人才培养模式、加强培养经贸合作适切性人才的良好时机，中蒙经贸合作也对各高等院校的人才培养机制和模式创新做出了更高和更细致的要求。因此，为了实施"一带一路"倡议，助推中蒙经济走廊建设，培养中蒙经贸合作适切性人才，本书基于前文的适切性人才供求影响因素及其测度研究、适切性人才供求动态均衡研究、中蒙经贸合作适切性人才培养体系、维度与质量研究及中蒙经贸合作适切性人才培养路径创新研究，从国家、社会和高校三个维度为培养符合中蒙经贸合作要求的适切性人才提供政策建议。

8.1   国家层面的政策建议

8.1.1   中蒙双方要充分认识中蒙经贸合作适切性人才培养的重大意义

经济全球化的发展使得经济竞争不再因地理位置因素的限制局限于少数国家之间，而是扩大到全球范围内。经济竞争表面上是各国 GDP 的对比，但本质上是人才培养的竞争（魏丽卿等，2008）。对适切性人才的培养教育对经贸合作的发展有着重要的推动作用，全球经济竞争离不开高等教育提供的适切性人才，因此经济发达的国家往往拥有更完善的人才培养模式，其对人才培养的投入往往也更高（张提，2004）。中国提出的"一带一路"倡议与蒙古国提出的"草原之路"倡议高度契合，促进了中蒙双方在基础设施建设、农林牧渔业、制造业、高新技术产业及低碳环保建设等方面的深入交流与合作，而这种合作离不开精通中蒙经贸合作的适切性人才，如精通两国语言的经济、管理专业人才。

8.1.2 加大对蒙古国教育援助力度，完善人才培养模式与机制

由于基础设施建设水平和整体经济发展水平较低，蒙古国在高校人才培养方面投入还远远不够，政府对高校的支持主要在满足高校基本运行和基本工资水平方面，而对于高校人才培养模式的优化、建立先进培养机制等方面支持力度较弱，使得蒙古国高校人才培养体系和培养模式发展滞后。其中，高校的基础设施建设尚需完善，多数还需依靠别国的扶持。在高校对学生入学优惠政策方面，公办学校的政策优惠程度也比较低，而民办学校的优惠力度更加微弱，学校建设条件不及我国（曾天山等，2010）。在同蒙古国的经贸合作中，我国曾对蒙古国给予了援助和支持。在当前中蒙经贸合作的关键时期，为了进一步深入合作交流，增强蒙古国对中蒙经贸合作适切性人才的培养能力，我国可以视情况与蒙古国重点高校进行更多教育方面的交流合作，对其培养模式的完善、培养机制的创新及高校自身发展给予一定的支持。

8.1.3 文化互动嵌入适切性人才培养体系

自我国加入世界贸易组织后，经济发展有了新的气象，随着"一带一路"倡议的提出，我国几乎与所有国家和地区建立了不同程度的、多种类型的经济贸易合作，在经济贸易合作中必将面对国家间文化差异，因此经济贸易的互融互通离不开文化互融互通。在中蒙经贸合作过程中，双方和谐共处的关键在于观点的一致性，但是由于语言差异导致的不同语境使双方无法阐明真正的观点，而且蒙古国学生对中国历史的了解程度不足，使中蒙双方的外交存在一定程度的困难。因此，中蒙经贸合作适切性人才培养就显得至关重要，我国在人才培养过程中必须融入本国文化底蕴教育，大力弘扬本土文化，有利于适切性人才在中蒙经贸合作过程中将文化传承关系表达清晰明确。因此，应当将我国从古到今的文化发展

融入人才培养必修课当中。党的十九大报告明确告诉我们"不忘初心、牢记使命"，应将适切性人才培养成牢记中国传统文化、勇担历史重任的人才。教育作为中蒙经贸合作经济与文化交流的桥梁，应当正确对待中蒙双方的文化差异，在经济高质量发展、文化底蕴深厚的基础上培养适切性人才，充分发挥深厚文化底蕴的真正作用（夏国恩和蓝勋，2016）。

8.1.4　强化熟悉中蒙语言的教师队伍建设

2013 年，习近平在向广大教师致慰问信中说道："百年大计，教育为本。教师是立教之本、兴教之源，承担着让每个孩子健康成长、办好人民满意教育的重任。"习近平也强调了民族地区教育发展的重要性。但是边疆少数民族地区经济相对落后使得教师队伍建设滞后，因此激励政策的制定尤为重要，有利于引进高素质人才到边疆少数民族地区支持教育事业，将先进的教育方法、教育理念带到边疆少数民族地区，从而完善边疆少数民族地区教育体系与创新模式机制，优化边疆少数民族地区教师队伍质量。例如，在边疆少数民族地区成立蒙古国留学生教育中心，将两国语言文化同经贸合作人才培养结合，这充满了少数民族地区办学的特色。在培养熟悉中蒙语言教师时，应将本土培养与外部引进相结合，通过打造良好的条件吸引外部高素质语言教师，并且使这些教师参加更高水平的教育培训，逐步提升中蒙经贸合作中熟悉语言的教师队伍的整体素质。

对于边疆少数民族地区熟悉汉语和蒙古语教师队伍的建设，政策支持力度尤为关键。一是针对不同发展阶段的地区采用不同阶段、不同层次的发展路径，针对内蒙古、新疆等地区，应当在打牢基础性教育的基础上逐步提升教师队伍素质，根据地区自身情况合理规划教育发展，实现中蒙经贸合作目标。二是学校应当同时兼顾教师的资质和教学能力，制定教师准入门槛及监督机制，并且对教师的教学能力进行进一步强化培训。三是建立中蒙语言教学质量检测系统，并且不断完善和加强教育监督的力度，通过监督后的反馈对教学方式、模式等进行质量改进，提升控制精准度、丰富质量控制内容及扩大监督范围，建立一支高质量教师队伍。此外，还应当号召专业人士进一步深入研究语言教学的可实现性，制定有效措施将理论转化为实践操作，有效实现理论联系实际（徐全忠，2018；苏丽和兰海，2008；韩洪文等，2012；李正元和金宝明，2002）。

8.2　企业层面的政策建议

8.2.1　构建企业联合培养人才机制，增加适切性人才供给

在国家政策的支持下，联合中蒙经贸合作中有项目的企业构建中蒙经贸合作人才培养新机制，加大企业对中蒙经贸合作适切性人才的供给，并且对中蒙经贸合作适切性人才进行针对性的培养，为人才提供到国际组织和机构学习的机会，提高他们的综合能力，为中蒙经贸合作提供高质量的适切性人才。

8.2.2　重视对人才价值观引导，建立人才考核评价体系

中蒙经贸合作适切性人才是在高端知识型人才基础上，自身的价值追求、风俗习惯、文化传统等同中蒙经贸合作要求相契合的人才。中蒙经贸合作需要大量人才，需要更多的中蒙经贸合作适切性人才投身于国家"一带一路"建设，推动中蒙经贸合作进程，要勇于承担责任和敢于奉献，将个人价值追求融入社会价值实现当中。目前许多企业对人才的评价维度不够全面，对人才培养方向不够明确，对人才的激励力度还远远不够，不利于中蒙经贸合作高素质、高水平人才的开发和培养。针对中蒙经贸合作适切性人才这类特殊的高等人才群体，企业更应当建立健全人才考评制度，在人才引进、人才培养、人才激励、人才管理等方面进行精准把控，在遵循个人价值追求的同时将其价值追求引导到推动中蒙经贸合作发展中去。此外，企业还应当充分了解中蒙经贸合作适切性人才不同时期的不同需求，并且尽可能地满足其需求、解决其问题，为人才在中蒙经贸合作中实现自我价值、稳定高效工作提供保障。

8.2.3　构建跨国、跨区域高校合作平台，多支点联合建设"工匠式"队伍

边疆少数民族地区由于经济发展水平有限，目前的教育设施和条件难以跟上

中蒙经贸合作对适切性人才的需求。因此，中蒙经贸合作的主力军企业应根据自身的投资领域和人才需求，积极、主动构建跨国、跨区域高校合作平台，企业、行业和高校联合制定适切性的教育发展方案，积极协助当地政府投资教育发展和基础设施建设。企业应当同高校联合建立教师培训基地，对于精通中蒙两国语言的教师要着重加强其专业技术知识，对于中蒙经贸合作适切性人才要着重提高其语言能力，弥补其在中蒙经贸合作要求下显现的不足。在培训结束后应跟进监督教师队伍教学水平，检验培训效果，对培训模式和体系进行及时的总结完善（李磊等，2016；韩剑，2015；刘阳春，2008）。

8.3　高校层面的政策建议

8.3.1　积极开展中蒙互通交流，培养中蒙经贸适切性人才

首先，高校应当针对汉语、蒙古语教师队伍制定完善的激励机制和薪酬制度以提高教师队伍的教学积极性，有利于高校培养中蒙经贸合作适切性人才，国家政策和资金的倾斜为高校教育发展经费做了一定的补充，高校应当为教师队伍、研究生、本科生尽可能提供多的外出学习机会，有利于他们在不同的语言环境、文化环境下理解中蒙经贸合作不同的价值主张和思维观点，进一步了解中蒙经贸合作发展现状，更有利于其建立投身于中蒙经贸合作的价值观和意识。其次，高校应积极配合国家人才引进政策，吸引更多的外部人才进入边疆少数民族地区接受中蒙经贸合作适切性人才培养，建立健全中蒙经贸合作适切性人才培养机制和激励制度，吸引更多人才投身于中蒙经贸合作发展当中。最后，中蒙高校间应当加强合作力度，合力建设中蒙经贸合作适切性人才培养模式，促进"一带一路"教育国际化，推动中蒙教育模式的创新和改变，提升人才培养质量。高校应结合当地传统文化同外部智慧培养中蒙经贸合作适切性人才，培养出视角全面的、长期为中蒙经贸合作提供丰富理论知识和实践性启示的人才。

8.3.2 树立以"需求"为导向的教育理念，加强中蒙经贸合作对口专业、学科建设

首先，地区高校应当根据当地人才层次需求的特征来调整人才培养重点和模式。大多数企业对高校人才学历要求为本科专业人才，所以高校应当将教育重点放到本科教育阶段，而不应当盲目注重更高层次人才的培养，过多地将教育资源放到硕士生和博士生培养阶段，而忽视了本科阶段培养的重要性。其次，高校应当结合当地教育资源状况来调整教育模式，少数民族地区教育资源较为短缺，所以多数高校更多偏向培养实践应用型人才，而学术研究型人才由于资源的限制数量较少，所以对于少数民族地区人才培养模式来说，实践应用型人才培养更加符合当地的条件。再次，高校由于资源限制不应当对所有学科方向进行"广撒网"式教育，应当结合中蒙经贸合作对人才素质的要求，把握自身所处的地理位置、人才需求特点、经济水平等，整合自身最有优势的教育资源从而专精于某几个学科，来与中蒙经贸合作人才培养特色相结合，形成适合高校本身、适合当地特色、适合中蒙经贸合作的独特人才培养体系。最后，高校应当自主形成这样的意识：对中蒙经贸合作适切性人才的培养，不仅是为了国家、社会，也是提升自身办学能力，拓宽办学视野的良好机遇（冯向东，2002；王凯和胡斥弟，2019），应当充分了解和分析自身所处区域的独特文化底蕴、历史背景和地理特征，形成自身优势学科，不仅可以将中蒙经贸合作要求与学科特色相结合，培养出具有独特创新型思维的中蒙经贸合作适切性人才，还可以吸引到大批外来生源和教师队伍，使高校的教学体系得到新鲜血液的补充，并且能够进一步完善人才培养机制和模式，提升少数民族地区高校教育竞争力。此外，高校在自身学科优势的基础上，还应当注重理论联系实际的培养理念，将优势学科的独特创新思维与人才日后的工作相结合，使教学具有务实性和创新性，也培养了中蒙经贸合作适切性人才的独特思维能力，很有可能为中蒙双方经济腾飞提供更加广阔的思路。

8.3.3 树立以"问题"为导向的教育理念，创新人才培养体制机制

高素质的高校人才培养离不开完善的人才培养体制机制，中蒙经贸合作适切性人才应当将当地文化传统、个人价值追求与中蒙经贸合作要求相结合，这就需

要不断地创新人才培养体制机制，随着中蒙经贸合作的不断发展，提供因时制宜、因地制宜的适切性人才（张旺等，2015；刘国斌，2017）。

中蒙经贸合作适切性人才应当是一种具备多种技能的高素质人才，地方高校应当结合中蒙经贸合作人才需求因地制宜、因时制宜地进行课程安排，不仅要注重中蒙经贸合作适切性人才的专业能力培养，还应当注重人才的语言能力和技能培养。所以要打破传统教学中学生理论知识有余、实践能力不足的现象，规划课程内容、结构时要注重学生的视野拓宽和实践性操作。中蒙经贸合作适切性人才的必备素质具有特殊性，如人才应当具备中蒙两国语言能力，所以高校应当针对性地在本科正式入学前一年设置双语培训预科班，为人才培养打下良好的基础（史秋衡和陈志伟，2016；徐国庆，2016；张宝歌，2015）。

内蒙古地区以其独特的地理位置，在中蒙经贸合作适切性人才培养中承担着重要的角色，但是由于资金能力、基础设施和教学方式水平有限，在人才培养模式上有一定的缺陷。内蒙古地区大多数的中蒙经贸合作适切性人才在接受初等和中等教育时大多以蒙古语授课为主，教学内容以基础性内容为主，到高等教育开始用汉语授课时，与一开始就用汉语授课有一定的差异。中蒙经贸合作适切性人才培养的目标是高素质的中蒙语言型人才，高校应当积极主动响应"一带一路"倡议，调整人才培养模式以符合中蒙经贸合作要求，培养出国家、社会需要的人才。这就需要高校积极承担社会责任，对具备高水平专业技能的学生加强培养其中蒙语言能力，对专业技能较差的语言型人才针对性地加强其专业能力。因此，高校应当根据不同学生的状况，在其个人价值追求基础上融合中蒙经贸合作价值要求，创新中蒙经贸合作适切性人才培养体制机制，注重学生职业发展前景，注重理论联系实际，提高人才实践操作能力。

8.3.4　构建基于提升职业能力的国际教育平台，谋划个性化职业生涯路径

为了培养中蒙经贸合作适切性人才，高校应当积极发挥中间作用，为政府、企业牵头，搭建跨国家、跨文化、跨行业的校企合作下的国际教育平台。针对中蒙双方因文化底蕴不同导致的人才需求类型不同，建立健全跨文化人才培养体系。高校应当致力于鼓励学生坚持个性化职业生涯规划，明确自身的发展方向，明晰提升自己能力所需的教育资源。基于此，高校应当积极匹配其资源，在个性

化发展基础上培养出具有自主创新意识的中蒙经贸合作适切性人才，在教育过程中不应当只注重知识理论的学习，应当跳出单一知识层面，注重提升学生工作能力和职业能力，否则可能会导致学生的就业危机。

培养适切性人才，需要高校向企业输送匹配其需求的人才，高校要从培养中蒙经贸合作适切性人才的目标出发，提升整体教师队伍的教学水平并带动优质人才的加入，提高中蒙经贸合作适切性人才整体素质。尊重学生的个人价值追求和自身规划，能够使学生真正客观认识到自己的特长和能力，使其自我认知明确，健全心理素质，能够明确自己未来的发展方向。这样高校培养出的人才能够适应需求，更好地服务于中蒙经济走廊建设。

8.3.5 树立"牢记使命"的教育理念，加强教师队伍建设

社会服务是高校的重要功能，其中教师扮演着重要角色。学校和教师应该牢记这个重要使命。关于高素质教师队伍建设，高等院校应当充分落实以下三点：一是拓展教师招聘渠道，建立健全激励机制和薪酬制度，从而吸引更多外来人才的加入，以解决教师队伍人数不足的问题。另外，针对中蒙经贸合作对人才的特殊要求，应当提升教师的语言能力。针对性地挑选和培养精通两国语言、专业知识对口、教学方法和理念比较先进的高素质教师组成适切性人才专业教学团队。二是建立健全语言型教师队伍的后期培训和继续教育体系，确保教学水平和教育理念的持续先进。三是对语言型教师队伍加大激励程度，提升其生活水平和教学积极性，从而留住和吸引更多的优秀人才。

在教师队伍的建设过程中应当重视文化建设，宣传爱岗敬业、遵守教育道德规范等文化，使教师主动积极承担教育责任，意识到教书育人的使命感。在生活中对教师队伍给予更多的关心，及时解决其工作中和生活中的问题，提升其幸福感。在满足教师队伍基本生活和社会保障的基础上，尊重教师的工作成果，尊重其个人价值追求，充分调动教师参与的积极性。综上所述，在"一带一路"倡议下，高校的教师队伍建设应当将目光放长远，建立健全员工激励机制，为教师教学提供良好的教学环境和生活环境。在生活和工作中给予更多关心，充分调动双语教师的积极性，加强教师队伍的凝聚力，使团队工作稳定高效，不断提升教学水平和教育理念，为中蒙经贸合作适切性人才培养做出重要贡献。

参考文献

［1］ David McCleland. Testing Competence Rather Than for Intelligence ［J］. American Psychologist, 1973 (1): 1-14.

［2］ Eerdun T, Feng T, Song Y T, et al. Does Sustainability Marketing Strategy Achieve Payback Profits? A Signaling Theory Perspective ［J］. Corporate Social Responsibility and Environmental Management, 2018, 25 (6): 1039-1049.

［3］ Eerdun T, Wang Y J, Dong Y, et al. Resource Endowment, Continuous Innovation, and the Competitive Advantage of Enterprises in Less Developed Areas: A Case Study of Erdos Group ［J］. Business and Innovation, 2018, 13 (23): 15-38.

［4］ Eerdun T, Zhang Z, Wang G, et al. CHINA - MONGOLIA ECONOMIC CORRIDOR: Research on Social Responsbility of Resource-oriented Enterprises ［M］. Atlanta: North American Business Press, 2019.

［5］ Ernest T. Pascarella. Student-Faculty Informal Contact and College Outcomes ［J］. Review of Educational Research, 1980, 50 (4): 545-595.

［6］ Francois Perroux. Economic Space: Theory and Applications ［J］. The Quarterly Journal of Economics, 1950, 64 (1): 89-104.

［7］ Freeman R E, Reed D L. Stockholders and Stakeholders: A New Perspective on Corporate Governance. ［J］. California Management Review, 1983, 25 (3): 88-106.

［8］ Freeman R E, Wicks A C, Parmar B. Stakeholder Theory and 'The Corporate Objective Revisited' ［J］. Organization Science, 2004, 15 (3): 259-374.

［9］ George D. Kuh. The national Survey of Student Engagement: Conceptual and Empirical Foundations ［J］. New Directions for Institutional Research, 2009 (141): 5-20.

［10］ Hanson G H. Economic integration, intraindustry trade, and frontier regions ［J］. European Economic Review, 1996, 40 (3-5): 941-949.

［11］ Heckscher, E. The Effect of Foreign Trade on the Distribution of Income ［J］. Ekonomisk Tidskrift. 1919 （21）: 497-512.

［12］ James Lynch. Multicultural: Principles and Practice ［M］. London: Routledge, 1986.

［13］ Krugman P R. Technology, Trade and Factor Prices ［J］. Journal of International Economics, 2000, 50 （1）: 51-71.

［14］ Linder S. B. An Essay on Trade and Transformation ［J］. Journal of Political Economy, 1986 （1）: 171-172.

［15］ Losch A. The Economics of Location. Translated from the Second Revised Edition by William H. Woglom with the Assistance of Wolfgang F. Stolper ［J］. Proceedings of the Royal Society B-Biological Sciences, 2016, 273 （1596）:1873-1880.

［16］ Mclagan P. Organizational Change, Self-actualization （Psychology） Job Satisfaction ［M］ . San Francico: Berrett-koehler, 2022.

［17］ M. V. Posner. International Trade and Technical Change ［J］. Oxford Economic Papers. 1961, 13 （3）: 323-341.

［18］ Peter B. Kenen. Errors in "Nature, Capital, and Trade" ［J］. Journal of Political Economy, 1965, 73 （6）: 658.

［19］ Raúl Prebisch, The Economic Development of Latin America and its Principal Problems ［J］. Economic Bulletin for Latin Amertca. 1962, 7 （1）: 1.

［20］ Raymond Vernon. International Investment and International Trade in the Product Cycle ［J］. The Quarterly Journal of Economics, 1966, 80 （2）: 190-207.

［21］ Richard M. Ryan, Edward L. Deci. Intrinsic and Extrinsic Motivations: Classic Definitions and New Directions ［J］ . Contemporary Educational Psychology, 2000, 25 （1）: 54-67.

［22］ Richard N. Cooper. The Economics of Interdependence: Economic Policy in the Atlantic Community ［M］. New York: Columbia University Press, 1968.

［23］ Samuelson P. Prices of Factors and Goods in General Equilibrium. 1953, 21 （1）: 1-20.

［24］ Schiff M, Winters L A. Regional Cooperation, and the Role of International Organizations and Regional Integration ［J］ . Social Science Electronic Publishing, 2002, 127 （6）: 331-339.

［25］Stiller S. Integrationseffekte in Grenzregionen ［J］. zeitschrift für studium und forschung, 2003, 32（9）：535-538.

［26］Ryan, Richard M, et al. Self-Determination Theory and Facilitation of Intrinsic Motivation, Social Development, and Well-Being ［J］. American Psychologist, 2000.

［27］包天花.“一带一路”建设与内蒙古地区蒙汉双语人才培养构想［J］. 赤峰学院学报（汉文哲学社会科学版），2018（8）：152-154.

［28］包迎春. 内蒙古高校提高蒙汉双语教学水平探析［J］. 内蒙古农业大学学报（社会科学版），2014（6）：100-103.

［29］宝乐日. 民族地区高校蒙汉双语授课专业教育教学改革探析：以内蒙古财经大学民族班为例［J］. 民族教育研究，2013（3）：38-41.

［30］宝全，包权. 内蒙古广播电视大学蒙汉双语教学发展现状［J］. 内蒙古电大学刊，2018（1）：109-113.

［31］毕奥南. 中蒙国家关系历史编年（1949—2009）［M］. 哈尔滨：黑龙江教育出版社，2013.

［32］查先进，杨海娟. 大数据背景下信息管理专业人才培养模式改革创新影响因素研究：以湖北高校为例［J］. 图书情报知识，2016（2）：21-29.

［33］常丽娟，伊敏内. 内蒙古高校蒙授英语专业双语本科教育模式研究［J］. 佳木斯教育学院学报，2011（6）：205+252.

［34］朝乐蒙. 中国对蒙古国直接投资对中蒙贸易的影响实证研究［J］. 生产力研究，2020（9）：107-110.

［35］陈海燕.“一带一路”倡议实施与新型国际化人才培养［J］. 中国高教研究，2017（6）：52-58.

［36］陈田，周海飞. 制度因素对中国与“一带一路”国家贸易的影响研究［J］. 兰州财经大学学报，2016（6）：94-100.

［37］陈万思. 人力资源管理人员胜任力模型构建的企业实践［J］. 科技进步与对策，2005（3）：40-42.

［38］陈万思. 中国企业人力资源经理胜任力模型研究［C］. 第十届全国心理学学术大会论文摘要集.［出版者不详］，2005.

［39］陈彦艳. 蒙汉双语法学实践教学完善探析——以内蒙古地区为例［J］. 呼伦贝尔学院学报，2020，28（1）：121-126+131.

［40］陈彦艳．诊所式法律教育课程思政的多维进路［J］．内蒙古财经大学学报，2021，19（6）：51-55．

［41］陈燕翎，林畅，陈燕煌，等．福建高校赴台交换生人才培养对接机制探析：以福建5所高校赴台交换生为例［J］．台湾农业探索，2015（6）：30-34．

［42］陈瑛，刘满江．我国高校创业教育存在的问题及对第分析［J］．新余高专学报，2008（4）：104-106．

［43］崔清源．社会本位：高职院校人才培养目标主导价值取向［J］．高等教育研究，2009（2）：70-73．

［44］戴庆厦，何俊芳．论"双语学"［J］．民族研究，1997（6）：59-64．

［45］戴有华，于泓，刘旭．高职机制专业课程教学内容与国家职业标准对接研究［J］．职业教育研究，2013（9）：11-13．

［46］［德］保罗·纳托尔普．柏拉图的理念学说［M］．溥林译．北京：商务印书馆，2018．

［47］［德］弗里德里希·李斯特．政治经济学的国民体系［M］．陈万煦译．北京：商务印书馆，1961．

［48］［德］卡尔·豪斯雷弗著．刘小枫编，马勇，张均培译，太平洋地缘政治学：地理与历史之间关系的研究［M］．华夏出版社，2020，01．

［49］［德］克里斯塔勒．德国南部中心地原理［M］．常正文等，译．北京：商务印书馆，2010．

［50］［德］约翰·冯·杜能．孤立国同农业和国民经济的关系［M］．吴衡康，译．北京：商务印书馆，1986．

［51］邓岳敏．我国高校专业设置趋同问题探析［J］．广东工业大学学报（社会科学版），2009（2）：4-8．

［52］丁凯，张锐，张强．"双一流"建设背景下高校创新创业教育供给侧改革的路径［J］．江淮论坛，2019（1）：185-192．

［53］丁宁．校企深度联合精准培育职教人才激发沈阳数字化创新活力［C］//"建设沈阳　请您建言"主题研讨会论文集．［出版者不详］，2021．

［54］董泽芳．高校人才培养模式的概念界定与要素解析［J］．大学教育科学，2012（3）：30-36．

［55］杜金柱，陶克涛，徐全忠，等．少数民族高等财经人才培养模式改革与实践［J］．中国大学教学，2014（11）：46-49．

［56］段从宇，伊继东．优化高等教育结构提升大学生就业率的逻辑、机理及路径［J］.西北工业大学学报（社会科学版），2019（2）：40-46.

［57］陶克涛．中蒙经济走廊蒙汉兼通财经人才培养体系与模式研究［M］.北京：中国商务出版社，2021.

［58］芳芳，图门其其格．中国对蒙古国直接投资的现状及影响分析［J］.内蒙古财经学院学报，2010（4）：52-57.

［59］房敏．地方院校公共管理专业应用型人才能力培养的适切性［J］.德州学院学报，2013（1）：84-88.

［60］冯彩，蔡则祥．对外直接投资的母国经济增长效应：基于中国省级面板数据的考察［J］.经济经纬，2012（6）：46-51.

［61］冯健，祝景旭．"一带一路"倡议下高校人才培养供给侧改革研究［J］.黑龙江高教研究，2019（8）：20-24.

［62］冯向东．学科、专业建设与人才培养［J］.高等教育研究，2002（3）：70-74.

［63］龚萍．民族地区高校蒙汉双语授课毕业生就业质量模糊综合评价［J］.内蒙古财经大学学报，2019（1）：109-112.

［64］［古希腊］柏拉图．理想国［M］.董智慧，译．北京：民主与建设出版社，2018.

［65］谷克鉴．国际经济学对引力模型的开发与应用［J］.世界经济，2001（2）：14-25.

［66］谷克鉴，余剑．汇率变化与中国产业结构调整研究［M］.北京：中国人民大学出版社，2008.

［67］关宇霞，梁静，敖敦．文化互动视角下学前蒙汉双语教师队伍的现状研究［J］.呼伦贝尔学院学报，2017（6）：14-18.

［68］郭苏文，黄汉民．我国对外贸易差异化发展的制度质量解释——基于省际面板的分析［J］.中南财经政法大学学报，2011（1）：28-33.

［69］郭苏文，黄汉民．制度距离对我国外向FDI的影响——基于动态面板模型的实证研究［J］.国际经贸探索，2010，26（11）：21-26.

［70］海山高娃．内蒙古师大蒙语授课生学习现状及对策研究［J］.内蒙古师大学报（哲学社会科学版），1999（S1）：27-30.

［71］韩洪文，田汉族，袁东．我国大学教学模式同质化的表征、原因与对

策 [J].教育研究，2012（9）：67-72.

[72] 韩剑.垂直型和水平型对外直接投资的生产率门槛：基于中国企业层面微观数据的研究 [J].中国经济问题，2015（3）：38-50.

[73] 荷叶.内蒙古蒙汉双语教育若干问题研究 [J].民族高等教育研究，2018（3）：36-40.

[74] 胡弼成，陈桂芳.高等教育价值取向：矛盾冲突及现实抉择 [J].清华大学教育研究，2005（5）：31-35.

[75] 胡超，王新哲.城市功能定位与现代服务业发展模式比较研究：兼论南宁市现代服务业发展 [J].河北科技大学学报（社会科学版），2008（4）：30-35+58.

[76] 胡虎子.经济增长、出口和对外直接投资关系研究 [J].内蒙古农业大学学报（社会科学版），2011（2）：65-67.

[77] 胡晓珍，张卫东.制度作用于经济增长的途径及其量化研究 [J].华中科技大学学报（社会科学版），2010（5）：76-80.

[78] 胡宇萱.全面推动高校人才培养方式的创新与发展 [J].中国高等教育，2019（22）：57-59.

[79] 胡再勇."一带一路"倡议促进了基础设施的双边贸易效应吗?：基于六大经济走廊的研究 [J].当代经济管理，2021（5）：36-45.

[80] 华倩."一带一路"与蒙古国"草原之路"的战略对接研究 [J].国际展望，2015（6）：15.

[81] 黄启慧.试论制度、产权制度与经济增长的关系 [J].市场论坛，2010（9）：16-18.

[82] 黄叶君.基于地缘政治理论视角分析乌克兰危机对欧俄关系的影响 [D].上海：上海社会科学院硕士学位论文，2017.

[83] 吉田进，筑波昌之.新形势下日中蒙交通体系建设研究 [J].东北亚论坛，2009（3）：30-39.

[84] 蒋新萍，施新平."四融合、五对接"：高职高端服务业人才培养机制研究 [J].江苏教育研究，2019（27）：68-71.

[85] 焦建平，王星飞.多维价值取向的人才培养模式探索：以连云港财经分院为例 [J].中国电力教育，2013（32）：58-60.

[86] 郎萨仁·纳目斯特仁.中蒙边境区域合作问题 [C]//首届东北亚区

域合作发展国际论坛文集（下）．［出版者不详］，2008．

［87］雷钦礼．制度环境与经济增长：理论模型与中国实证［J］．经济与管理研究，2017（12）：3-16．

［88］黎青．中国对蒙古国直接投资风险研究［D］．哈尔滨商业大学硕士学位论文，2017．

［89］李广学．内蒙古经济管理类专业蒙汉双语教学现状调查研究［J］．内蒙古财经大学学报，2016，14（6）：107-109．

［90］李磊，白道欢，冼国明．对外直接投资如何影响了母国就业？：基于中国微观企业数据的研究［J］．经济研究，2016（8）：144-158．

［91］李琳，姚宇华，陈想平．高校基层教学组织建设的困境与突破［J］．中国高校科技，2018（9）：37-40．

［92］李夏玲，殷凤，王志华．对外直接投资对母国就业影响的门限效应：基于服务行业的面板数据分析［J］．上海商学院学报，2017（5）：1-7．

［93］李延保．"双一流"大学建设中人才培养目标定位的思考［J］．中国高校科技，2017（Z1）：4-6．

［94］李艳红．"一带一路"倡议与蒙古国"草原之路"合作［J］．商，2015（24）：57-58．

［95］李正元，金宝明．独特的蒙汉双语教学：成功的民族专业人才培养模式［J］．内蒙古农业大学学报（社会科学版），2002（4）：51-54．

［96］林毅夫．产业升级呼唤先行者［J］．中国房地产，2017（14）：8．

［97］林毅夫，李永军．必要的修正——对外贸易与经济增长关系的再考查［J］．国际贸易，2001（9）：22-26．

［98］刘国斌．服务"一带一路"倡议人才培养的路径研究［J］．全国流通经济，2017（12）：45-47．

［99］刘桦，李英杰．房地产企业轻资产运营能力可拓评价——基于物元分析法［J］．财会通讯，2017（17）：53-57+129．

［100］刘敏．提升人力资本支撑创新发展战略［J］．宏观经济管理，2016（1）：29-32．

［101］刘阳春．中国企业对外直接投资的特征研究［J］．经济与管理研究，2008（11）：55-59．

［102］刘阳春．中国企业对外直接投资动因理论与实证研究［J］．中山大学

学报（社会科学版），2008（3）：177-184.

[103] 刘晔．经济制度变迁影响经济增长的实证研究［J］.经济经纬，2017，34（3）：74-80.

[104] 刘渝琳，彭吉伟．服务业产业内贸易对城乡居民收入差距的影响［J］.经济问题探索，2010（4）：1-6.

[105] 刘豫杰．新常态下促进中蒙经济走廊建设研究：探索内蒙古自治区沿边贸易合作开放机制创新［J］.前沿，2016（3）：38-44.

[106] 刘韵妍．中国对外直接投资、贸易与经济增长关系［D］.重庆大学碳士学位论文，2010.

[107] 刘韵妍，刘渝琳．对外直接投资、进出口贸易及经济增长间的关系——基于中国1985—2007年数据的研究［J］.经济研究导刊，2010（17）：143-145.

[108] 刘舟帆．高校国际化高水平财经人才培养路径探索［J］.西部素质教育，2017（3）：82.

[109] 龙永红，汪雅霜．生师互动对学习收获的影响：第一代与非第一代大学生的差异分析［J］.高教探索，2018（12）：32-39.

[110] 罗良文．对外直接投资的就业效应：理论及中国实证研究［J］.中南财经政法大学学报，2007（5）：87-91.

[111] 马红霞．培养和谐人：高等教育的价值取向［J］.学习月刊，2008（18）：113+123.

[112] ［美］R.M.基辛．文化·社会·个人［M］.甘华明等，译．沈阳：辽宁人民出版社，1988.

[113] ［美］艾伯特·赫希曼．潘照东，经济发展战略［M］.曹征海，译．北京：经济科学出版社，1991.

[114] ［美］艾·弗洛姆．自我的追寻［M］.孙石译．上海：上海译文出版社，2013.

[115] ［美］保罗·克鲁格曼．国际贸易新理论［M］.黄胜强译．北京：中国社会科学出版社，2001.

[116] ［美］西奥多·W.舒尔茨．论人力资本投资［M］.吴珠华等，译．北京：经济学院出版社，1990.

[117] 母小勇，韦剑剑．论高等教育哲学的人学基础［J］.教育研究，2012

（12）：29-34.

[118] 那·图木尔. 蒙古国参与区域经济合作和发展与大国关系 [J]. 现代国际关系，2007（11）：46-49.

[119] 彭剑锋，荆小娟. 员工胜任力模型设计 [M]. 北京：中国人民大学出版社，2003.

[120] 彭韶辉，王建. 中国制造业技术获取型对外直接投资的母国就业效应 [J]. 北京理工大学学报（社会科学版），2016（4）：86-93.

[121] 彭小萍. 网络时代大学生职业生涯规划教育创新探析 [J]. 化工进展，2019（11）：5211.

[122] 其木格."一带一路"倡议下蒙古国企业中蒙翻译人才的需求调查与培养建议 [D]. 山东大学硕士学位论文，2019.

[123] 企业要改变用人观念 [J]. 经济，2013（7）：19-29.

[124] 乔麟，王礼力. 出口贸易对经济增长的影响问题研究 [J]. 陕西农业科学，2009，55（1）：183-185+199.

[125] 青迪·巴特尔. 全球化时代蒙古国对外建交关系 [M]. 乌兰巴托，2007.

[126] 清华. 民族高等教育中蒙汉双语教学现状与思考：以内蒙古财经大学为例 [J]. 教育教学论坛，2013（48）：171-172

[127] 屈廖健，刘宝存."一带一路"倡议下我国国别和区域研究人才培养的实践探索与发展路径 [J]. 中国高教研究，2020（4）：77-83+97.

[128]［瑞典］俄林. 地区间贸易和国际贸易 [M]. 王继祖等，译. 北京：商务印书馆，1986.

[129]［瑞典］冈纳·缪尔达尔，（美）塞斯·金. 亚洲的戏剧 [M]. 北京：商务印书馆，2015.

[130] 申培轩. 论高等教育发展的适切性——兼论高等教育对农村的适切性 [J]. 武汉大学学报（哲学社会科学版），2005（4）：565-569.

[131] 申培轩. 论高等教育发展的"适切性"质量观 [J]. 山西财经大学学报（高等教育版），2003（1）：16-18.

[132] 时勘，王继承，李超平. 企业高层管理者胜任特征模型评价的研究 [J]. 心理学报，2002，34（3）：86-91.

[133] 史秋衡，陈志伟. 发达国家顶尖人才培养体系特征研究 [J]. 教育研

究, 2016 (6): 131-141.

[134] 宋发富. "一带一路"视角下国际化人才培养的目标与路径 [J]. 黑龙江高教研究, 2018 (12): 53-59.

[135] 宋丽芳, 高鹏. 高职院校校企对接机制人才培养实践研究: 以电子商务专业为例 [J]. 中国市场, 2015 (36): 189-190.

[136] 宋涛, 陆大道, 梁宜, 等. 近20年国际地缘政治学的研究进展 [J]. 地理学报, 2016 (4): 551-563.

[137] 苏德. 探寻培养国际视野的高素质财经人才的力作: 评《中蒙经济走廊蒙汉兼通财经人才培养体系与模式研究》 [J]. 内蒙古财经大学学报, 2021 (3): 150.

[138] 苏丽, 兰海. 试论研究型教学模式: 基于培养高级应用型人才的视角 [J]. 黑龙江高教研究, 2008 (12): 181-182.

[139] 孙刚, 焦克. 人民币实际有效汇率波动与国际贸易关系的实证分析——基于全国样本的 GMM 检验 [J]. 辽宁师范大学学报 (社会科学版), 2013, 36 (3): 337-343.

[140] 孙文学. 以就业为导向的高职学生职业能力培养: 兼论高职人才培养模式的变革 [J]. 职业技术教育, 2005, 26 (4): 20-22.

[141] 孙晓. 利益相关者理论综述 [J]. 经济研究导刊, 2009 (2): 10-11.

[142] 陶克涛, 赵颖, 孙佩红, 等. 中蒙经济走廊视域下财经人才胜任力模型及其实现路径: 基于微观层次调研数据 [J]. 财经理论研究, 2021 (2): 16-28.

[143] 拓朴. "一带一路"倡议下蒙中经贸合作研究 [D]. 北京: 对外经济贸易大学博士学位论文, 2020.

[144] 王凯, 胡赤弟. "双一流"建设背景下创新人才培养绩效影响机制的实证分析: 学科—专业—产业链为视角 [J]. 教育研究, 2019 (2): 87-95.

[145] 王庆如. 个性化教育与民办高校人才培养的适切性研究 [J]. 浙江树人大学学报 (人文社会科学版), 2008 (3): 12-15.

[146] 王秋红, 文竹青. 中国的直接投资对蒙古国经济的影响研究 [J]. 生产力研究, 2020 (3): 158-161.

[147] 王全旺, 赵兵川. 高职技能型人才培养劳动力市场适切性提升策略研究 [J]. 职教论坛, 2016 (12): 10-14.

［148］王若茹．制度质量与双边国际贸易的影响研究［J］.广西质量监督导报，2021（3）：163-164.

［149］王少梅，张妍．高等学校地方适应性人才培养的价值取向探讨［J］.继续教育研究，2010（10）：131-133.

［150］王田．大学生自主学习的现状及影响因素研究［D］.东北师范大学硕士学位论文，2014.

［151］王婷婷．高职院校国际化人才培养路径［J］.中国航班，2021（11）：130-132.

［152］王婷婷．厘清二语习得理论　展望关键问题研究——评《二语习得中的关键问题》［J］.山西财经大学学报，2021（1）：132.

［153］王伟兰．双语教育理论背景下提高内蒙古高校蒙汉双语人才培养质量研究［D］.呼和浩特：内蒙古农业大学硕士学位论文，2018.

［154］王伟兰，盖志毅．全面质量管理理论下内蒙古高校蒙汉双语人才培养策略研究［J］.内蒙古教育，2018（8）：4-5.

［155］王小鲁，樊纲．中国经济增长的可持续性：跨世纪的回顾与展望　前言［C］.中国经济增长的可持续性：跨世纪的回顾与展望，2000.

［156］王秀琴．内蒙古高校大学生创业人才培养途径的调查研究［J］.内蒙古教育（职教版），2014（5）：69-71.

［157］王秀艳，代征远．高校专业课蒙汉双语授课教师教学能力构建研究：以西方经济学课程为例［J］.民族高等教育研究，2018（6）：34-38.

［158］王严淞．论我国一流大学本科人才培养目标［J］.中国高教研究，2016（8）：13-19+41.

［159］王渊博，苏德毕力格．双语教育政策执行机制现状研究：以内蒙古自治区锡林郭勒盟为例［J］.民族教育研究，2015（3）：11-15.

［160］王智杰．科尔沁蒙汉双语学生汉字书写能力的现状及教学策略［J］.民族教育研究，2012（3）：51-55.

［161］王重鸣，陈民科．管理胜任力特征分析：结构方程模型检验［J］.心理科学，2002（5）：513-516+637.

［162］王周谊，耿琴．区域研究及其复合型人才培养机制研究［J］.社会科学管理与评论，2013（1）：40-46.

［163］卫建国．以改造课堂为突破口提高人才培养质量［J］.教育研究，

2017（6）：126-132.

[164] 魏丽卿，王松良，谢志忠．教育国际化进程中引进国外优质教育资源的理论与实践［J］．内蒙古农业大学学报，2008（6）：143.

[165] 魏巧琴，杨大楷．对外直接投资与经济增长的关系研究［J］．数量经济技术经济研究，2003（1）：93-97.

[166] 文辅相，赵月怀．教育目标是教育思想的核心：兼析我国社会主义的高等教育目标［J］．高等教育研究，1990（2）：20-26.

[167] 乌兰图雅．内蒙古高等学校蒙汉双语课堂教学现状调查及其对策研究［D］．陕西师范大学硕士学位论文，2013.

[168] 乌云娜．就业视角下的内蒙古高校"蒙汉兼通"人才培养问题研究［D］．内蒙古农业大学硕士学位论文，2015.

[169] 吴孟捷．职业营销经理胜任特征模型研究［J］．重庆大学学报（社会科学版），2004（1）：126-129.

[170] 吴青峰．民族地区地方高校人才培养适切性研究［D］．湖南师范大学博士学位论文，2014.

[171] 吴中江，黄成亮．应用型人才内涵及应用型本科人才培养［J］．高等工程教育研究，2004（2）：66-70.

[172] 夏国恩，蓝勋．融入民族文化的高等财经教育新型人才培养模式探究：以广西壮乡文化为例［J］．经济研究参考，2016（70）：75-79.

[173] 徐国庆．智能化时代职业教育人才培养模式的根本转型［J］．教育研究，2016（3）：74-80.

[174] 徐礼云．学习动机的自我决定理论概述［J］．太原城市职业技术学院学报，2018（11）：105-107.

[175] 徐全忠．回归教师发展本位的综合教学评价研究［J］．中国大学教学，2018（10）：79-82.

[176] 徐少君．高校人才培养方案的特色和适切性思考［J］．内蒙古师范大学学报（教育科学版），2006（7）：66-68.

[177] 许梦颖．国际贸易与全球经济增长关系研究［J］．商场现代化，2017（2）：30-31.

[178] 薛凤珍，蒙永胜．"一带一路"国际合作架构下中国财经类院校的人才培养［J］．世界教育信息，2017（16）：55-57+64.

［179］薛谭. "医联体"模式下基层卫生人才培养机制研究［D］. 扬州大学硕士学位论文, 2020.

［180］闫佳祺, 王云凤. 对外直接投资对我国的就业效应分析［J］. 工业经济论坛, 2015（4）: 47-54.

［181］阎国华, 邹放鸣. 大学与社会的共轭: 人才培养与社会需求间的适度关系研究［J］. 东北大学学报（社会科学版）, 2013（2）: 200-204.

［182］杨德广. 高等教育的大众化、多样化和质量保证［J］. 上海教育, 2001（19）: 16-20.

［183］杨德广. 树立新的教育理念 迎接加入 WTO 的挑战［J］. 教育研究, 2002（11）: 32-34+60.

［184］杨广云, 谢作栩. 我国高等教育发展速度的探讨［J］. 上海高教研究, 1997（8）: 22-25+52.

［185］杨菊仙. 高校基层教学组织创新的价值取向与途径策略［J］. 江苏高教, 2011（6）: 79-81.

［186］杨秋菊, 邓小华, 洪传玮. 汇率变动的市场结构效应: 基于中国水产品出口的实证分析［J］. 经济视角（上旬刊）, 2015（9）: 11-16+26.

［187］杨湘怡. 企业中层管理者胜任力模型研究［D］. 复旦大学博士学位论文, 2007.

［188］杨小凯. 新政治经济学与交易费用经济学［J］. 制度经济学研究, 2004（4）: 158-164.

［189］杨小凯, 张永生. 新贸易理论及内生与外生比较利益理论的新发展: 回应［J］. 经济学（季刊）, 2002（4）: 251-256.

［190］杨小凯, 张永生. 新贸易理论、比较利益理论及其经验研究的新成果: 文献综述［C］//经济学（季刊）. ［出版者不详］, 2001, 1（1）: 20-45.

［191］杨小凯, 张永生. 新兴古典发展经济学导论［J］. 经济研究, 1999（7）: 67-77.

［192］杨院, 李艳娜, 丁楠. 大学生学习投入类型及其与学习收获关系的实证研究［J］. 高教探索, 2017（3）: 74-77.

［193］杨月坤, 陈鑫. 乡村振兴背景下农业科技人才胜任力模型构建研究［J］. 领导科学, 2021（8）: 94-98.

［194］姚玲玲, 玉峰. 蒙古语授课大学生班主任工作面临的挑战与效率提升

路径：以内蒙古财经大学为例［J］.内蒙古教育，2017（22）：36-38.

［195］姚宇华.高校人才培养模式困境与超越：基于适切性的视角［J］.山东高等教育，2019，7（5）：56-62.

［196］［意］朱利奥.杜黑著，欧阳瑾译.空权论（英汉对照）［M］.天津社会科学院出版社，2016.09.

［197］姚宇华.高校人才培养模式困境与超越：基于适切性的视角［J］.山东高等教育，2019，7（5）：56-62.

［198］［英］大卫·李嘉图.政治经济学及赋税原理［M］.南京：译林出版社，2011.

［199］［英］麦金德著.欧阳瑾译.陆权论［M］.石油工业出版社，2014.03.

［200］［英］约翰·穆勒.政治经济学原理（下）［M］.赵荣潜等，译.北京：商务印书馆，1997.

［201］余官胜，王玮怡.海外投资、经济发展水平与国内就业技能结构：理论机理与基于我国数据的实证研究［J］.国际贸易问题，2013（6）：135-144.

［202］袁雪妃，白璐璐.物流产业结构升级趋势下中国物流人才市场发展现状研究：兼论中国财经类高校物流专业人才培养目标的升级定位［J］.物流科技，2014（4）：32-36.

［203］臧建玲.偏远地方高校财经类专业培养定位与教学模式研究［J］.中国大学教学，2007（7）：56-58.

［204］曾天山．于发友.加强教育援助促进中蒙两国睦邻友好：赴蒙古国参观考察报告［J］.民族教育研究，2010（2）：112-117.

［205］张宝歌.地方高校人才培养协同创新机制研究：以牡丹江地区6所高校协作为例［J］.教育研究，2015（7）：142-149.

［206］张海波，彭新敏.ODI对我国的就业效应：基于动态面板数据模型的实证研究［J］.财贸经济，2013（2）：101-111.

［207］张洪亚，郭广生.理工科大学生学习投入对学习收获影响的实证研究［J］.西南交通大学学报（社会科学版），2018（5）：28-33.

［208］张杰，李勇，刘志彪.出口促进中国企业生产率提高吗?：来自中国本土制造业企业的经验证据：1999~2003［J］.管理世界，2009（12）：11-26.

［209］张金宝.畜牧兽医专业蒙汉双语教学质量研究：以扎兰屯职业学院双语教学为例［J］.畜牧兽医科技信息，2021（3）：4.

［210］张金福．提升地方本科高校的区域适切性：供给侧结构性改革的视角［J］.中国高教研究，2017（1）：60-63.

［211］张士强．提高人才培养能力：地方高水平大学建设之要义［J］.中国高教研究，2017（11）：30-35.

［212］张提，张长春，张式芬．我国高等教育现状的区域比较［J］.统计观察，2004（12）：95-96.

［213］张旺，杜亚丽，丁薇．人才培养模式的现实反思与当代创新［J］.教育研究，2015（1）：30-36.

［214］张欣欣．中国与蒙古国贸易便利化现状评估［J］.物流科技，2016（6）：106-111.

［215］张应强，王平祥．"双一流"建设背景下我国本科教育人才培养目标的思考［J］.湖南科技大学学报（社会科学版），2019（6）：148-154.

［216］张原．对外经贸战略调整下的中美双边投资及其就业效应［J］.当代经济科学，2018，40（4）：1-12+124.

［217］张原．中国对"一带一路"援助及投资的减贫效应："授人以鱼"还是"授人以渔"［J］.财贸经济，2018，39（12）：111-125.

［218］赵蕾，王春枝，陶克涛．生师互动、学业挑战度与大学生学习收获：兼论中蒙经济走廊蒙汉兼通人才培养［J］.内蒙古财经大学学报，2020（1）：93-100.

［219］赵颖，陈建兵．"一带一路"倡议背景下西部高校人才培养的结构性矛盾与应对策略［J］.青海社会科学，2020（5）：76-80.

［220］照格申白乙．影响高校蒙汉双语教学质量的教学语言因素及改进策略［J］.民族教育研究，2011（2）：66-70.

［221］钟建．中外合作办学类院校党建思政工作模式探究［J］.济南职业学院学报，2018（5）：64-66.

［222］仲时勘，王继承，李超平．企业高层管理者胜任特征模型评价的研究［J］.心理学报，2002（3）：306-311.

［223］周大鹏．区域贸易协定对中国OFDI制造企业母公司绩效的影响研究［J］.国际贸易问题，2016（3）：70-80.

［224］周大鹏．中国企业OFDI对出口与就业结构的影响［J］.商业研究，2012（11）：1-7.

［225］诸惠伟. 对外直接投资经济效应协整研究：浙江实证 ［J］. 浙江树人大学学报（人文社会科学版），2013（5）：27-31，73.

［226］诸惠伟. 浙江的对外直接投资就业效应研究 ［J］. 重庆科技学院学报（社会科学版），2012（19）：111-112+118.

后　记

2016 年 9 月，中国、俄罗斯、蒙古国三国元首签署了《建设中蒙经济走廊规划纲要》，其所构建的中蒙经济走廊效应辐射和联通东北亚、欧洲地区，是亚欧大陆的北部大通道。"一带一路"倡议的提出，代表着我国正式致力于对外更大范围的经济贸易合作，中蒙经济走廊作为"一带一路"建设的总体框架，也是"一带一路"建设合作的重要方向之一。

在"一带一路"倡议、中蒙经济走廊建设的背景下，中蒙经贸合作开始占据更加重要的战略位置。其中，相关工作的开展逐步展现出当前对高素质人才的需要，包括在专业技术、政策互通、法律服务等方面的综合性服务人才，尤其对高层次的经贸人才有着更加迫切的需求。在"十四五"期间，高等教育高质量发展也是我国着力完成的重要任务。在这样的时代背景与社会需求下，就更加要求高校做好健全、创新人才培养体制工作，根据经济社会发展的多样化需求培养出更多高质量的适切性人才。

本书以新时代国家发展需求为研究背景，旨在对当前高校的人才培养路径进行深刻剖析并提出改善建议以满足中蒙经贸合作中的人才需要，是一项囊括学术性、实践性、时代性的具有丰富内涵的教学研究成果，对未来一段时间内我国的适切性人才培养工作具有指导价值。从更高层次上来说，研究的系列成果对中蒙两国经济社会的发展、睦邻友好合作关系的深化和区域经济一体化的推进、北亚经济板块的崛起，都具有重大而深远的战略意义。

本书是在国家社科基金教育学一般项目（BMA170032）最终成果——《中蒙经济走廊蒙汉兼通财经人才培养体系与模式研究》一书的基础上进行的后续研究，是系列研究成果中重要的组成部分。基于中蒙经贸合作适切性人才培养的理论分析，本书综合运用问卷调查、深度访谈、模型分析等研究方法，探究中蒙经贸合作适切性人才供求影响因素及其测度，中蒙经贸合作适切性人才供求动态均衡，中蒙经贸合作适切性人才培养体系、维度和质量，中蒙经贸合作适切性人才培养路径创新，中蒙经贸合作适切性人才培养的政策建议。本书成果具有重要的理论意义与实践意义，为推动"一带一路"倡议与中蒙经济走廊建设，尤其是在中蒙经济合作发展的适切性人才建设方面做出了积极的探索和有益的边际贡献。

本书是由我提出选题、研究框架设计及组织实施，由课题组成员任昕宇、蒋畅畅、威力思、巴音那、刘传军、张利、朱瑞、黄桂霞、翟金金等硕士研究生、博士研究生共同参与研讨、国内外调研、论证及撰写而成。课题研究历经两年时间，研究成果凝聚了全体课题组成员的集体智慧，成员秉承着任劳任怨、严谨求实、精益求精的科学研究态度，形成了一支人才辈出的创新型科研团队，构筑了新时代高校人才培养质量提升研究新高地，诚挚地感谢课题组全体成员无私的奉献和支持。

在本书的写作过程中，中蒙两国有关高等院校和企业在深度访谈、资料和数据获取、报告写作等方面提供了无私的帮助，不仅如此，还对我们的编写表示了强烈的鼓励与支持。感谢在编写过程中提供帮助、支持和关心的老师、专家、同行、朋友、家人和学生，研究成果的出版离不开各位的心血和坚守，在此对大家在本书写作中所贡献的心力表示诚挚的敬意。本书的出版得到了经济管理出版社的大力支持，在此一并表示由衷的感谢！

经过本书的写作，我深切感知，学术研究的过程道阻且长，需更加努力才能够采撷成功的硕果。前路漫漫，感谢诸多前贤学者、前辈师友的指点迷津，或是共同前行路途中的陪伴，万分荣幸能够共行一程。

本书是对中蒙经贸合作适切性人才培养的系统研究，希望能够在实际工作中为中蒙两国经贸合作尽绵薄之力！但是由于研究能力有限，本书难免有疏漏和不妥之处，诚挚地欢迎专家、同行不吝赐教！我将把大家的支持、鼓励和批评转化为研究的动力，继续为中蒙经贸合作深度发展贡献力量！

陶克涛
2022 年 5 月于呼和浩特